寺島よしき
Yoshiki TERAJIMA

ただよび®
大学受験シリーズ

英文法講義

水王舎

はしがき

　このテキストの原稿は 200 項目を超えるものでした。その中から、

reading, writing, listening, speaking

　に必要不可欠な 30 項目に絞りました。無駄なものは一切入っていません。

「読解英文法」
と呼んでいただいても良いですし、
「4 技能のための英文法」
と呼んでいただいても構いません。
英語力上昇のために絶対に必要な、MUST30 を集めました。

　本書は、原稿を「増やす」作業をするのではなく、最も効率よく勉強ができるように「絞る」作業をしました。質にこだわったこの 30 項目を、完璧にマスターしてください。必ず英語力は伸びていきます。

　大学受験はもちろんのこと、TOEIC や TOEFL、TEAP などにも対応しています。是非、本書を完璧に活用し、improve your English してください！

寺 島 よ し き
TERAJIMA Yoshiki

もくじ

01 否定の倒置

「否定の倒置」は出題率ダントツの項目です。一番出るところから完全マスターしてしまいましょう！試験場で、「あっ、やっぱり出た！」となる分野です。題名は難しそうに見えますが、とっても単純なルールです！英語を読むのが楽しくなりますよ。

【1】次の（　　　）にあてはまるものを、①〜④から1つ選びなさい。

Under no circumstances （　　　） the PIN number for your credit card.

① anyone should be given 　　② be given anyone should

③ should anyone be given 　　④ given anyone should be

POINT ノート

I have ｜never｜ seen it.（私はそれを見たことがない）

↓ 否定の副詞が先頭に出るとそのうしろは疑問文の語順になる

｜Never｜ have I seen it.（私はそれを見たことがない）

! 重要ポイント❶ 「only 〜」も文法上「否定の副詞」の仲間

only 〜は文法上、否定の仲間として処理されるため、only 〜が先頭に出てもそのうしろは疑問文の語順になる。

（Only recently） did I realize it.（昨日になってやっと私はそれに気づいた）

なお、Only が先頭に出てうしろが疑問文の語順になるパターンは、only は1語だけで先頭に出るのではなく、必ず only recently / only then / only yesterday / only when SV 〜のように副詞を伴って先頭に出る。

> ❗ **重要ポイント❷** 「前置詞＋ no ＋名詞」はこのまとまり全体で
> ひとつの「否定の副詞」と考える

前置詞＋ no ＋名詞が出てきたら、そのまとまり全体でひとつの「否定の副詞」と考える。よって、それが先頭に出ていれば（文の先頭1単語は前置詞であるが）まとめて「否定の副詞」と考え、うしろは疑問文の語順になる。

（On no condition）can I forgive her.（どんな状況であっても彼女を許せない）
　　　　　　　　 疑

今回の問題は、文頭に Under no circumstances とあるため、前置詞＋ no ＋名詞の形になっている。従って、上記 POINT ノート内の**重要ポイント❷**より、うしろは疑問文の形にしなければならない。

もともとの文は

　Anyone should be given the PIN number for your credit card.

なので、これを疑問文の語順にして、

Should anyone be given の③**が正解**となる。

> ✅ココもチェック
>
> under no circumstances は「どんな状況であっても〜ない」という有名な熟語。また、PIN number は「暗証番号」の意味で、これもまた、よく出題されるので併せて暗記。

全体の意味は、

「どんな状況であってもクレジットカードの暗証番号は誰にも知られてはいけない」

となる。

練 習 問 題

☑☑☑ **1** 適切なものを選べ。

George wasn't able to attend Mary's birthday party, (　　) want to.
① nor did he　　② neither he did　　③ nor didn't he　　④ neither he didn't

☑☑☑ **2** 適切なものを選べ。

I don't expect children to be rude, (　　) do I expect to be disobeyed.
① nonetheless　　② however　　③ nor　　④ never　　⑤ of course

☑☑☑ **3** 適切なものを選べ。

No sooner (　　) the window than it began to rain.
① she had closed　　② she has closed　　③ had she closed　　④ has she closed

☑☑☑ **4** 空所に入る共通の語を選べ。

(1) I did not even know that my grandfather was dying, still less (　　) I know
that he had a cancer.
(2) Only when the results of the Prime Minister's policy became apparent (　　)
public opinion turn against him.
① than　　② did　　③ from　　④ as

☑☑☑ **5** 日本語に合うように [　　] 内を並べ替えよ。

こんなにこわい小説を読んだのははじめてだ。
Never [frightening / read / I / have / a novel / so] as this.

☑☑☑ **6** 不適切なものを選べ。

(　　) have I seen so many ants.
① Rarely　　② Never　　③ Seldom　　④ Often

☑☑☑ **7** 適切なものを選べ。

Little (　　) how important this meeting is.
① he does realize　　② does he realize　　③ he realizes　　④ realizes he

☑☑☑ **8** 適切なものを選べ。

On (　　) account should you leave the door unlocked while driving.
① good　　② no　　③ every　　④ some

解 答

1 ①　**2** ③　**3** ③　**4** ②　**5** have I read so frightening a novel

6 ④　**7** ②　**8** ②

解 説

1 nor にせよ、neither にせよ、その単語の中に否定の意味が含まれているので、再びその後に否定を置かないため③と④は消去。nor の中にはすでに and の意味が含まれており、neither には含まれていないので、この文には接続詞が必要なため正解は①。

和訳: ジョージはメアリーの誕生日パーティーに出席できなかった。そして彼も出席したくはなかった。

2 空所のうしろが do I …と疑問文の語順になっているので③か④となるが、この文に接続詞がないため**1**と同じく③の nor が正解となる。

和訳: 子供たちに失礼な態度をとってほしくないし、言うことをきかない人にもなってほしくない。

3 no sooner という否定の副詞が先頭に出ているので疑問文の語順になることと、「～するとすぐに…」を表す no sooner ～ than … / hardly (scarcely) ～ when (before) …は過去完了と共に使用するという決まりがあるので【THEME 18 重要ポイント②参照】、③が正解となる。

和訳: 彼女が窓を閉めるとすぐに雨が降り始めた。

4 (2)文頭の Only when the results of the Prime Minister's policy became apparent が only を伴う副詞節であることから疑問文の語順が整う②を選ぶ。(1)は空所直前の still less ～「まして～ない」は否定文の後で使用するが、still less は否定の副詞なのでうしろは疑問文の語順になる。

和訳: (1)私は祖父が死にかけていることも知らなかったし、まして祖父がガンであることはなおさら知らなかった。(2)首相の政策の結果が明らかになってやっと世論は反対の立場に転じた。

5 文頭の Never が否定の副詞であることから read の現在完了形を疑問文の語順に整える。so frightening a novel の語順については THEME 14（p.82・83）を参照。

6 疑問文の語順に対し「?」ではなく「ピリオド」が使われていることから、否定副詞ではない④が不適切だと見抜かせる問題。選択肢①の Rarely と③の Seldom はどちらも「めったに～ない」。

和訳: ① / ③ こんなにたくさんのアリはめったに見たことがない。②こんなにたくさんのアリは一度も見たことがない。

7 文頭の Little が否定副詞であることから疑問文の語順になった②を選ぶ。little は「ほとんど～ない」。

和訳: 彼はこの会議がどれほど重要かほとんど気づいていない。

8 should you leave が疑問文の語順になっていることに着目し、文頭の句が否定の副詞になるよう②を選ぶ。

和訳: 運転中は決してドアロックを外しておいてはいけない。

応 用 問 題

☑☑☑ **1** **日本語に合うように [   ] 内を並べ替えよ。**

メアリーは突然わっと泣き出した。その時になってようやく、私は彼女に何が起こった
のかが分かった。

Mary suddenly burst out crying. Only [she / been / through / what / I / then / understand / did / had].

☑☑☑ **2** **日本語に合うように [   ] 内を並べ替えよ。**

科学的な方法が自然界についての答えを探る普通の方法になったのはこの二、三百年以
内のことであるに過ぎない。

Only within the last two or three hundred years [a common way / become / of / has / the scientific method] seeking answers about the natural world.

☑☑☑ **3** **[   ] 内を並べ替えよ。**

Only after the mysterious disappearance of the dinosaurs about 65 million years ago [able / ancestors / come / our / out / to / were] into the daylight in any significant numbers.

解 答

1. then did I understand what she had been through
2. has the scientific method become a common way of
3. were our ancestors able to come out

解 説

1. 文頭に Only が出ており、重要ポイント①より、まずは Only then とし、その後、疑問文の語順を完成させる。解答は Only [then did I understand what she had been through].

2. 文頭の Only within the last two or three hundred years が only を伴う副詞句であることを確認し、become の現在完了形を疑問文の語順に整える。尚、become of という熟語を使うのではないか、と選択肢を見た時に思うかもしれないが、become of を使用する場合は主語に what がないとダメなのでここでは不可。
例) What has become of her?（彼女はどうなったのであろうか）

3. 文頭の Only after the mysterious disappearance of the dinosaurs about 65 million years ago が only を伴う副詞句であることを確認し、be able to を疑問文の語順に整える。
和訳：およそ 6500 万年前に恐竜が不可解な絶滅を遂げてからやっと我々の祖先は大挙して日の光の中に出ることができた。

02 ～してはじめて…

It is not until ～ that ... のパターンも頻出。コンピュータの分析でも、どのレベルの大学でも必ずトップ 10 には入ってくる項目です。3 通りの文を何度も書いて、ここは良い意味で「丸暗記」してしまってください！英作文でも必須の項目です。

【2】誤りのある箇所を選べ。

Not until <u>I had gotten sick</u> <u>myself</u> <u>I realized</u> as a doctor <u>how</u> sick people feel.
　　　　　①　　　　　　　　 ②　　　 ③　　　　　　　　　 ④

POINT ノート

「彼がここに来てはじめて私はそれに気づいた」のように、「～してはじめて…」を表す有名構文。

下記の 3 通りで書けるように。

　　[1] … not … until ～
　　[2] Not until ～ <u>疑問文の語順</u>
　　[3] It is not until ～ that …

⚠ 重要ポイント❶　～してはじめて…

「～」の部分と「…」の部分をしっかり見て確認すること。例えば先ほどの「彼がここに来てはじめて私はそれに気づいた」を書くなら

　(1) I did not realize it until he came here.

　(2) Not until he came here did I realize it.

　(3) It was not until he came here that I realized it.

となる。

(2)の書き方については THEME 01 でやった通りだが、until のうしろに「～」の部分があることを見逃さないように。Not until の直後が疑問文の語順になるのではなく、「～」の部分があってから（今回でいえば he came here）そのうしろを疑問文の語順とする。

(3)の書き方については強調構文で、not until ～の部分を強調構文 it is ～ that で挟んだ形である。

⚠ **重要ポイント❷** 「〜してはじめて…」という日本語を見て左記の３パターンのどれでもない場合は only ＋時を表す副詞を考える

only ＋時を表す副詞は「〜したときだけ」から意訳されて「〜してやっと」「〜してはじめて」となる。「〜してはじめて」という日本語があるのに not until 構文で書かれていない場合は only ＋時を表す副詞を考える。

only yesterday	（昨日になってはじめて）
only recently	（最近になってはじめて）
only then	（その時はじめて）
only when SV 〜	（〜したときはじめて）
only after SV（または名詞）〜	（〜した後はじめて）

今回の問題は、Not until で始まっていて、POINT ノートの［２］のパターンになるので、「〜」の部分が I had gotten sick myself となり、そのうしろを疑問文の語順にするので**正解は③**で、I realized ではなく did I realize と疑問文の語順にする。

全体の意味は、
「自分が病気になってはじめて私は医者として体調の悪い人がどのように感じているかに気づいた」
となる。

なお、これらのパターンは長文においてもよく出題される。

〈参考問題〉上智大
　There were all kinds of stories told about the war that made it sound as if it was happening in a faraway and different land. It wasn't until refugees started passing through our town (　　　) we began to see that it was actually taking place in our country.
(a) that　　(b) when　　(c) where　　(d) while　　　　【解答は (a)】

練習問題

☑ **1** 適切なものを選べ。

It was（　　　）I visited Mary that I realized how ill she was.
① so long as　　② not only　　③ before long　　④ not until

☑ **2** 日本語に合うように [　　　] 内を並べ替えよ。

ジョンは、離婚してはじめて、どれほど彼女を必要としていたか気づいた。

Only [after / did / had / he / how much / John / needed her / realize / their divorce].

☑ **3** 適切な語を入れよ。

1911 年になってようやく最初のビタミンが発見された。

It was not（　　　）1911（　　　）the first of the vitamins was identified.

☑ **4** 日本語に合うように [　　　] 内を並べ替えよ。ただし、文頭にくるものも小文字で示してある。

彼女の手紙を受け取ってはじめて、彼は彼女の気持ちが十分に分かった。

[received / did / not / letter / her / he / until] he fully understand her feelings.

☑ **5** 同じ意味になるように適切な語を入れよ。

Only after he came home（　　　）she remembered the appointment.
= It was not until he came home（　　　）she remembered the appointment.

☑ **6** 適切なものを選べ。

Only when it started to rain（　　　）that he had left his raincoat somewhere.
① did Max notice　　② noticed Max
③ did not notice Max　　④ Max did not notice

☑ **7** 日本語に合うように [　　　] 内を並べ替えよ。

父は、家に帰ってきてはじめてノート型パソコンを忘れたことに気づいた。

It was [home / not / my father / came / until / that] he noticed he had left his laptop
behind.

解 答

▨ ④　　▨ after their divorce did John realize how much he had needed her
▨ until, that　　▨ Not until he received her letter did
▨ did, that　　▨ ①　　▨ not until my father came home that

解 説

▨ このパターンで④を選び、not until 〜 疑問文の語順の構文を完成させる。
和訳：私がメアリーを訪れてはじめて私はどれほど彼女が病気かに気づいた。

▨ 全文：Only after their divorce did John realize how much he had needed her.

▨ until と that を入れて構文を作る。

▨ 全文：Not until he received her letter did he fully understand her feelings.

▨ did が最初の答え。これは THEME01 の重要ポイント❶より答えが did となる。次の答えは that でこれは今回のテーマの構文そのまま。
和訳：彼が家に来てはじめて彼女はその約束を思い出した。

▨ Only を伴う副詞節が文頭にあるので、疑問文の語順にした①を選ぶ。
和訳：雨が降りだしてはじめてマックスはレインコートをどこかに置き忘れたことに気がついた。

▨ 文頭に It was があるので、not until S+V をまとめて It was と that で挟み込む。

応用問題

☑☑ **1** 日本語に合うように [   ] 内を並べ替えよ。ただし、文頭にくるものも小文字で示してある。

5 月末になるまで、アダムズ氏は転職の機会に恵まれなかった。

[a good chance / not / of May / the end / until / was there] for Mr. Adams to change jobs.

☑☑ **2** 指定の語数で英訳せよ。ただし、与えられた語の形と語順を変えずに用いること。

それから 5 年経ってはじめて彼が結婚したことを聞きました。

[It / until / later / heard of] （13 語）

☑☑ **3** 英訳せよ。

私はこの電気の本を読んではじめて、電気がどんなに興味深いものかを知りました。

解 答

1 Not until the end of May was there a good chance
2 It was not until five years later that I heard of his marriage.
3 例1） I did not realize how interesting electricity was until I read this book about electricity.
　　　= Not until I read this book about electricity did I realize how interesting electricity was.
　　　= It was not until I read this book about electricity that I realized how interesting electricity was.
　例2） I realized how interesting electricity was only after reading this book on electricity.
　　　= Only after reading this book on electricity did I realize how interesting electricity was.
　　　= It was only after reading this book on electricity that I realized how interesting electricity was.

解 説

1 与えられている日本語は否定文の直訳になっているが、was there が疑問文の語順になっているので Not until 〜を文頭に配置することを見抜く。

2 later が指定されているので「5年経って」には five years later を用いる。「彼が結婚したこと」は hear of 〜「〜を聞いて知る」の目的語になれるよう his marriage「彼の結婚」とまとめる。日本語に表されていない主語は話者、つまり「私」である。「私は5年後になるまで彼の結婚を知らなかった」が元となる否定文。これを書き出しに指定された It を用いるパターンに書き換えればよい。最後の部分を（his を動名詞の意味上の主語と考えて）of his marrying としてしまうと、marry は他動詞なので目的語が必要となってしまうため、不可。

3 「この電気の本」は「この電気に関する本」と捉え、this book on electricity または this book about electricity とする。not until でも only after でもまとめられる。この問題ですべてのパターンを確認しておこう。

03 if S+V の時制

　仮定法は頻出中の頻出事項ですが、意外と「きちんと」理解している人が少ない分野です。ざっくりとした理解ではなく、この機会に完璧に仮定法をマスターしてしまってください。得点源となるはずです。

【3】適切なものを選べ。

If the managing director (　　　) today, all of the workers would be more content with the situation.

　① is coming　　② comes　　③ had been coming　　④ was coming

POINT ノート

話し手が実現の可能性「あり」だと思っている

　→ If S 現在形〜 , S will 原形…

話し手が実現の可能性「0 ％」（または 0 ％に近い）と思っている

　→ 仮定法（3 つに分類）

❗重要ポイント❶　仮定法の基本

(1) もし［今］〜だったら…だろうに

　→ If S 過去形 〜 , S would 原形…

(2) もし［昔］〜だったら…だっただろうに

　→ If S had + pp（過去分詞）〜 , S would have pp …

　※(1)と(2)を混ぜて「もし［昔］〜だったら［今］…だろうに」とすることもできる。

　※主節の would の部分は他の過去形助動詞（could / might など）でも OK。

(3) もし［将来］〜だったら

　→(A) If S should 原形〜 ,　　｛命令文…

　　　　　　　　　　　　　　　　S will（would）原形…

　→(B) If S were to 原形〜 , S would 原形…

　※(A)のほうが少し可能性がある場合に使用する。(B)は完全に 0 ％。

　※主節の will（would）の部分は、まれに他の過去形助動詞や現在形になることもある。

　※命令文をとれるのは should だけ。

重要ポイント❷　もし〜がなかったら

「もし〜がなかったら」を表す英語は以下の4つ。

If it were not for 〜 ［今］

If it had not been for 〜 ［昔］

［今］でも［昔］でも使えるのが without と but for。

※ If not for 〜という表現もあり、［今］［昔］ともに使える。［上位校向け］

重要ポイント❸　仮定法における if の省略

If you were 〜　→ Were you 〜

仮定法の If を省略すると、うしろは倒置される。

※ただし、この形ができるのは、were / should / had の時

（まれに could もあるがほとんど出題はされない）

✓ココもチェック

could が倒置される珍しい例

Could thought be controlled as easily as speech, all governments would rule in safety.

［もともとは If thought could be …］

（もし思想が言論と同じくらい簡単にコントロールすることができるならば、すべての政府は安全に国を治めるだろう）

今回の問題は、主節が would be となっているので、If 節は（today もあることから）重要ポイント❶より過去形を選ぶ。よって、④が正解となる。

全体の意味は、

「もしマネージングディレクターが今日来れば、すべての労働者はその状況により満足するだろうに」

となる。

練 習 問 題

☑☑☑ **1** 適切なものを選べ。

If I were good with money, I ( ) rich someday.

① am ② was ③ will be ④ might be

☑☑☑ **2** 適切なものを選べ。

Bill ( ) a message if you phone while I'm out.

① will take ② took ③ had taken ④ would have taken ⑤ were taking

☑☑☑ **3** 適切なものを選べ。

If your injury should get worse, you ( ) need to see a specialist.

① can ② will ③ shall ④ should

☑☑☑ **4** 適切なものを選べ。

I've often wondered, "What would the painter have painted ( ) been asked to paint something for me?"

① he has ② we had ③ have we ④ had he

☑☑☑ **5** 適切なものを選べ。

Please contact our nearest office ( ) more information.

① would you need ② should you need ③ you are needing ④ you are needed

☑☑☑ **6** 適切なものを選べ。

( ) I to tell you all the story of my life, one week would not be enough.

① Am ② Are ③ Have ④ Were

☑☑☑ **7** 適切なものを選べ。

( ) it not been for your help, he might have failed.

① As ② Is ③ Were ④ If ⑤ Had

☑☑☑ **8** 誤りのある箇所を選べ。

Were ① <u>schools increase</u> ② <u>their</u> number of offered courses, students ③ <u>would benefit</u> from the wider selection ④ <u>and smaller classes</u>.

☑☑☑ **9** 誤りのある箇所を選べ。

① <u>Although Bill</u> ② <u>had a very strong will,</u> ③ <u>if it had not been for</u> his father's encouragement, he would probably still ④ <u>lie in bed</u>.

解 答

1 ④　2 ①　3 ②　4 ④　5 ②　6 ④　7 ⑤

8 ①（→ schools to increase）　9 ②（→ has a very strong will）

解 説

1 重要ポイント❶の(1)より④が正解。
和訳：もし私がお金の使い方が上手だったら、いつの日かお金持ちになるかもしれない。

2 if 節が現在形になっているので POINT ノートの1行目、「話し手が実現の可能性『あり』だと思っている」の部分を採用し、①が正解。
和訳：もし私がいない間にあなたが電話をしてきたら、ビルがメッセージを受け取ります。

3 重要ポイント❶の(3)より②が正解。
和訳：もしあなたの怪我がさらに悪くなったら、あなたは専門医に診てもらう必要がある。

4 もともとは if he had been asked …という文で、if が省略されて had he となった④が正解。
和訳：「その画家はもし私のために何か描いてくれるように頼まれたら、何を描いただろうか」と私はよく思う。

5 if のまとまりと主節部分が逆転している。命令文（ここでは Please contact …の部分）をとれるのは should なので（重要ポイント❶(3)の※参照）、②が正解。

6 カンマ以下は would があることから仮定法だとわかるので、if を省略した倒置になるよう④を選ぶ。もとの文は If I were to tell you …となるので、可能性0%の未来を仮定した英文である。
和訳：私の生涯の物語をすべて話そうものなら、一週間では足りないだろう。

7 If it had not been for ～から If が省略された倒置だと見抜き⑤を選ぶ。If を残した書き方よりこちらのほうが出題されやすい。
和訳：あの時あなたの助けがなければ、彼は失敗していたかもしれない。

8 文頭 Were と下線部①の組み合わせでは、動詞 increase が原形であることに説明がつかないので①を選ぶ。この文は If schools were to increase…から If を省略した倒置文で、正しくは Were schools to increase…である。
和訳：各学校が講座数を増設することになるとしたら、選択の幅が広がりクラスも少人数化することで生徒たちのためになるのだが。

9 全体の意味を考えて、②の「過去」が不自然だと見抜く。
和訳：ビルは意思がとても強いけれど、あの時父親の励ましがなかったら、今でもたぶんベッドにいるだろう。

応 用 問 題

☑☑☑ **1** 誤りのある箇所を選び、訂正せよ。

If I <u>shall</u> die unpredictably, please <u>donate</u> my organs for research or to <u>someone</u> who is in need <u>of</u> a transplant.

☑☑☑ **2** 英訳せよ。

もし彼のような政治家がいなかったなら、アメリカは今とはずいぶん違っていただろう。

☑☑☑ **3** 英訳せよ。

留守中にひょっとして Mary が訪ねてきたら、ここで待つように言ってください。

解 答

1 shall → should

2 例1）If it had not been for a statesman like him, America would be quite different from what it is today.

例2）Without a politician like him, the United States of America would be quite different from what it is now.

3 例1）If Mary should come to see me while I am away, tell her to wait here.

例2）Should Mary call on me while I am away, tell her to wait here.

解 説

1 If のうしろに shall が来てしまっているので、主節の命令文も考慮に入れ、shall を should に変える。

和訳：もし私が思いがけず死んだら、臓器を研究のためか移植が必要な人に寄付してください。

2 「過去」と「現在」が混ざった形の英作文問題。「今」は「今のアメリカ」のことなので、what it(=America) is today とする。なお、例1の statesman は⊕イメージの政治家、例2の politician は⊖イメージ（または⊕0）の政治家。

3 「ひょっとして」とあるから、Mary が訪ねてくる可能性は低いと伝えられるように should を用い、If Mary should … か Should Mary … で書き出す。「留守中に」は「私が」を補い、while I am away とする。「訪ねてきたら」にも「私を」を補い、come to see me や call on me とまとめる。「ここで待つように言ってください」には「彼女（Mary）に」を補い、(please) tell her to wait here とすればよい。

THEME 04

要求・提案・決定・命令の that 節

　要求・提案・決定・命令のうしろの that 節中は、イギリス英語では「shuld 原形」、アメリカ英語では「原形」です。なぜそうなったのかの歴史的な背景もありますが、それよりも、受験では「答えが原形」のほうが学生が間違える、という単純な理由で出題率が高くなっています。ひっかからないように！

【4】適切なものを選べ。
I usually recommend all my patients (　　　) binge drinking in order to avoid health problems.
① be quit　　② being quit　　③ quit　　④ quitted　　⑤ quitting

POINT ノート

🗨 重要ポイント❶

I suggested │that│ she (shuld) be a doctor.
　　　　　　　 v
（私は彼女が医者になることを提案した）

　SV that …の文で、その主節の V が「要求・提案・決定・命令」のどれかを表す時、うしろの that 節中は「should 原形」または「原形」となる。これは、「要求・提案・決定・命令」がすべて命令の意味を含むため、「〜すべき」の should が使用されるか、「命令文」の動詞の原形が使用される、という理屈。（歴史的には原形が先ですが）。
※「要求・提案・決定・命令」を表す動詞の「名詞形」もこのパターンになり、そのうしろに同格の that 節が続いている場合も同じく、動詞部分は「should 原形」または「原形」になる。

　例）His proposal │that│ the President change the policy is out of the question.
　（大統領がその政策を変えるという提案は問題外である）

！重要ポイント❷

It is 形容詞 that SV …の文で、その形容詞が

essential（不可欠な）

necessary（必要な）

important（重要な）

imperative（不可欠な）← essential の強い版

のどれかのとき、that 節の動詞部分は「should 原形」または「原形」になる。

> 例）It is essential that every child have the same educational opportunities.
> （すべての子供が同じ教育の機会を持つことが不可欠である）

今回の問題には recommend という単語があり、これは「勧める」という意味のため、「要求・提案・決定・命令」の仲間に入る。従って、that 節内は should quit または quit になるはずなので、③が正解となる。

✓ ココもチェック

空所のうしろの binge drinking とは（特にイギリスで）よく使用される表現で、binge が「度を越した楽しみ」「どんちゃん騒ぎ」という意味なので、binge drinking で「むちゃ飲み」と訳される。

全体の意味は、

「私はいつもすべての自分の患者に健康問題を避けるためにむちゃ飲みはやめるように勧める（提案する）」

となる。

練習問題

☑☑☑ **1** 適切なものを選べ。

When I woke up this morning, I decided I (　　　) to get in shape.

① want　② wanted　③ would want　④ had wanted

☑☑☑ **2** 適切なものを選べ。

The court requested that he (　　) a fine.

① was paying　② pay　③ paid　④ had paid

☑☑☑ **3** 日本語に合うように [　　　] 内を並べ替えよ。ただし、文頭にくるものも小文字で示してある。

彼は会社がオフィスに省エネ機器を導入することを提案した。

[to / energy-saving / the company / he / that / introduce / the office / proposed / devices].

☑☑☑ **4** 適切なものを選べ。

The professor recommends (　　　) to expand your horizons.

① to go abroad　② you go abroad　③ your go abroad

④ for you going abroad　⑤ you will go abroad

☑☑☑ **5** 適切なものを選べ。

I suggested to Mary (　　　) with me to collect empty cans on the street, but she said she was too busy.

① come　② that she come　③ that she had come　④ to have come

☑☑☑ **6** 適切なものを選べ。

The customer demanded that the meat (　　　) in his presence.

① be cut　② cut　③ will be cut　④ will cut

解 答

1 ①   2 ②
3 He proposed that the company introduce energy-saving devices to the office
4 ②   5 ②   6 ①   7 ①   8 ②

解 説

1 decided があるので「決定」のため、①が正解となる。
   和訳：私は今朝起きたとき、体調を整えたいと決心した。

2 requested があるので「要求」のため、②が正解となる。
   和訳：裁判所は彼が罰金を払うということを要求した。

3 proposed に目をつけ、that 節中の should が省略されている構文。

4 recommends があるので「勧める」＝提案のため、②が正解となる。expand one's horizons は「視野を広げる」という意味。
   和訳：その教授はあなたが外国に行って視野を広げることを勧めている。

5 suggest (to 人) that S (should) 原形 V で「(人に) 〜するよう提案する」となるよう②を選ぶ。
   和訳：路上の空き缶拾いを一緒にしにくるようメアリーに提案したが、忙しすぎると言われた。

6 demanded that に着目。選択肢③と④の will が要求の内容にふさわしくないので①と②にしぼる。空所直前の主語が the meat「肉」なので「肉は切るのか切られるのか」を考え、受動態の①を選ぶ。
   和訳：その客は肉を自分の目の前で切るようにと求めた。

応用問題

☑☑☑ **1** 誤りのある箇所を選べ。

The citizens' group ① asked that ② the government ③ stopped the developer ④ from dumping soil on the hill.

☑☑☑ **2** 誤りのある箇所を選べ。誤りがなければ⑤を選べ。

① Considering ② the many new housing developments, the city council ③ proposed that a new shopping center ④ was built.　⑤ NO ERROR

☑☑☑ **3** 誤りのある箇所を選べ。誤りがなければ⑤を選べ。

She ① insisted that they ② stay ③ out of expensive hotels, and her husband ④ agreed reluctantly.　⑤ NO ERROR

☑☑☑ **4** 誤りのある箇所を選べ。誤りがなければ⑤を選べ。

① Making mistakes ② is inevitable, but it is essential that we ③ will identify ④ their causes.　⑤ NO ERROR

解 答

1　③ (→ stop または should stop)　　2　④ (→ be built または should be built)　　3　⑤
4　③ (→ identify または should identify)

解 説

1　asked that に着目。要求内容なのだから③は原形か should 原形でなくてはならない。
　和訳：その圧力団体の要望は、政府が開発業者に山への土の投棄をさせないことであった。

2　proposed that に着目。提案内容なのだから④は原形か should + 原形でなくてはならない。
　和訳：多くの新しい宅地開発を考慮して、市議会は新たなショッピングセンターを建設するよう提案した。

3　insisted that に着目。主張の内容も原形か should + 原形でなくてはならないが、下線部②の stay は原形になっており誤りではない。③の out of も「高価なホテルの外に居つづける → そこに泊まらない」という意味で使われており誤りではない。①と④にも問題はないので⑤NO ERROR が正解となる。
　和訳：彼女は高価なホテルに泊まらないことを主張し、夫はしぶしぶ同意した。

4　essential that に着目。③が原形か should + 原形になっていないので誤りと見抜く。
　和訳：間違えるのは仕方がない。とはいえ、間違いの原因を特定することは欠かせない。

05 used 3 用法

used は、be 動詞が前にあったり、うしろが to 原形なのか to 名詞なのか、など、一見紛らわしく見えますが、理解してしまえば容易な分野です。容易な分野なのにもかかわらず、難関校まで様々な大学で出題されます。

【5】適切なものを選べ。

Have you got used (　　　) Thai food yet?

① eat　　② eating　　③ to eat　　④ to eating

POINT ノート

(1) **used to 原形 〜**　　→**以前は〜だった**

(2) **be used to 名詞** → **名詞 に慣れている**

※ be の部分を get に変えると「慣れる」となる。

※ used の部分は accustomed でもOK（ただしカタイ表現にはなる）

※名詞の部分に動詞を置くなら（**動詞**を**名詞**に変えて入れる必要があるので）「**動名詞**」（〜 ing）とする。

(3) **be used to 原形 〜 →〜するために使われる**

used to 原形〜（以前は〜だった）には「今は違う」という nuance（ニュアンス）が入ります。

　　I used to play baseball when I was young.

と言えば、「（今はやっていないが）若い時に野球をやっていた」ということになります。

　　また、「規則的である」という nuance（ニュアンス）もあるので、上記の文であれば、毎週規則的に野球をやっていた（野球部にでも入っていたイメージ）になります。

　　不規則的な過去の習慣を表したい場合は would (often) 原形〜を使って、

　　I would often play soccer.（昔はサッカーをよくやったものだ）

のように表現します。

　　なお、この would often の often は省略可能です。

明治大学の長文問題で、下記のような出題がありました。

〈設問〉本文中の would と同じ用法で用いられている would を含むものを 1
　　　　つ選び、記号で答えなさい。
　　a.　Charles wouldn't do it if Camilla were here.
　　b.　My mother told me that I would often catch a cold as a child.
　　c.　Tony would not know how to manipulate this machine.
　　d.　He says he would mind if any of you smoked in his car.

　今回は本文は掲載せずに選択肢のみを掲載しましたが、b に would often が出て
きていますね。b の訳は「私が子供のころよく風邪をひいていたと母は私に言った」
となります。
　他の選択肢の would はすべて「だろう」の意味（仮定法）になります。

　今回の問題は、「タイの食べ物を食べることにはもう慣れましたか」という意味に
なるはずで、got used まで見えているので to eating となる④が正解となる。

練習問題

1 誤りのある箇所を選べ。

The president <u>was used to smoke</u> <u>three</u> <u>packs</u> <u>a</u> day but now he has quit.
　　　　　　　　①　　　　　　②　　③　④

□
□
□ **2** 適切なものを選べ。

He's not used to (　　　) here at night.
① worked　② working　③ have worked　④ be working

□
□
□ **3** 適切なものを選べ。

… The gene for the production of a milk-digesting enzyme called lactase used to
(　　　) off in humans shortly after … （編集注：長文問題のため前後割愛）
① switch　② switching　③ being switched

□
□
□ **4** 適切なものを選べ。

At first Ted found it difficult to eat with chopsticks, but soon he (　　　) it.
① got used to　② used to　③ used to eating
④ used to eat　⑤ got used eating

□
□
□ **5** 適切なものを選べ。

I (　　　) living in Japan now.
① used to　② used　③ am used to　④ use up

□
□
□ **6** 適切なものを選べ。

The pot is used to (　　　) potatoes.
① cook　② cooking　③ be cooked　④ being cooked

□
□
□ **7** 適切なものを選べ。

Mary doesn't dance much now, but I know she (　　　) a lot.
① was used to　② used to　③ would　④ would have

解 答

1 ①　2 ②　3 ①　4 ①　5 ③　6 ①　7 ②

解 説

1　このままだと、be used to 原形 〜 が使用されてしまっているので、POINT ノートの(3)になってしまい、「その社長は1日3パックタバコを吸うために使われた」となり、「社長が使われた」という意味不明な状況となる。ここは、「以前はタバコを吸っていた」とするべきなので、①を正解とし、was を消して used to とする。
和訳：その社長は以前は1日3パックタバコを吸っていたが、今ではもうやめた。

2　全体の意味を考え、②が正解。He's は He is の contraction である。contraction は「短縮形」の意味だが、よく出てくる単語なので覚えておくこと。
和訳：彼は夜に働くことに慣れていない。

3　そもそも used to の左側に be 動詞がないので POINT ノートの(1)の形しかあり得ないため、①が正解となる。

4　文の最後の it は [to eat with chopsticks] を指しているので（chopsticks だけを指すなら them になるはず）、it の中にすでに eat の部分が含まれているため、選択肢に eat が入っているものはすべて不可（ダブるため）。意味と形を考えて①が正解と決まる。
和訳：はじめテッドは箸を使って食事するのに苦労したが、すぐにそれ（＝箸で食事すること）に慣れた。

5　空所直後の living につながるのは③のみ。
和訳：私は今では日本で暮らすことに慣れている。

6　is used to に着目。②の動名詞だと「ジャガイモを料理することに慣れている」となるが、主語が The pot「なべ」なのでおかしい。is used は「なべが使われる」という受動態で、to 以下は副詞用法の不定詞になるよう原形の①を選ぶ。
和訳：そのなべはジャガイモを料理するのに使われる。

7　「今は違う」というニュアンスも考え、②が正解となる。
和訳：メアリーは今ではあまり踊らないが、以前は大いに踊ったものだった。

応用問題

☑☑☑ **1** 日本語に合うように [　　　] 内を並べ替えよ。

私が以前に住んでいたアパートの隣人に、リサイクル運動に熱心な人がいました。

One of my neighbors in an [supporter / apartment / used / an / I / was / where / earnest / live / to] of the recycling movement.

☑☑☑ **2** 適切な語句を [　　　] から選んで入れよ。

In a Japanese university tennis club, for example, the youngest members used (　　　) (　　　), (　　　)(　　　), if (　　　), time (　　　) much tennis.

[any / leaving / to be expected / to do the boring tasks / to play / very little]

☑☑☑ **3** 適切なものを選べ。

If chemicals like DDT (　　　) control insects, there may be serious problems for the environment.

① use　　② uses　　③ are used to　　④ used to

解 答

1. apartment where I used to live was an earnest supporter
2. to be expected, to do the boring tasks, leaving, very little, any, to play   3. ③

解 説

1. 関係副詞 where の中に I used to live のまとまりを作り、「以前住んでいた」を完成させる。

2. … used to be expected to do the boring tasks, leaving very little, if any, time to play much tennis.

   和訳：例えば、日本の大学のテニス部では、最年少のメンバー達は退屈な作業をすることが期待されており、たくさんテニスをする時間はたとえあるとしてもほとんど残されていなかった。

3. 複数名詞 chemicals が主語なので選択肢②は正解になりえない。他の選択肢は意味判断で絞る。POINT ノート（3）が意味上ふさわしいので③が正解となる。

   和訳：DDT のような化学薬品が昆虫をコントロールするために使われるとしたら、環境に深刻な問題が出るかもしれない。

06 使役動詞

この分野は細かくやればどんどん細かく説明ができてしまう分野です。本書では、必要最低限に絞って大切な部分のみを漏れなく掲載しています。ニュアンスも含め、1つ1つ確実に確認してください。

【6】適切なものを選べ。

Don't (　　　) there doing nothing.

① let them sit　　② sit let them　　③ let sit them　　④ sit them let

POINT ノート

⚠ 重要ポイント❶　使役動詞 make

|make O 原形 〜| →O に〜させる［強制］

→［force / compel / oblige］O to 〜

　※強さの度合いは force > compel > oblige の順。force は名詞で使用すると「軍隊」の意味になるところからも「強い強制力」のイメージがある。

　※ make + O のうしろには原形以外に pp がOKだが条件付き。

　　make + O + pp となる場合は

　　⑴O に S と同じ人

　　⑵O に S から出るもの（例：声）

　　⑶make it known that … （…を知られた状態にする）の熟語

　　　のどれか。

　　　つまり、

　　［×］I made this letter written.

　という文は間違った文で、

　　［○］I couldn't make myself understood in English.

　　［○］I couldn't make my voice heard.

　などが正しい文となる。

　※感情を表す「させる系」動詞はその限りではない。

　　The game made me excited.

⚠️ **重要ポイント❷**　使役動詞 let

| let O 原形 ～ |　→ O に～させる［許可］

→ allow O to ～

　※ let ＋ O のうしろは原形だけだが、以下の３つのイディオムは暗記。

　　let ～ in　　　（～を中に入れる）

　　let ～ out　　（～を外に出す）

　　let go of ～　（～を離す）

⚠️ **重要ポイント❸**　使役動詞 have

| have O 原形 ～ |　→ O に～させる［依頼］

→ get O to ～

　※ have O 原形 ～の「依頼」は「言われたらすぐにやる人」に対する依頼なので、

　　ask O to ～とはニュアンスが異なる。

　※ have ＋ O のうしろには原形以外に～ ing と pp がOK。

　　I can't have you talking to your father like that.

　　（あなたにそんな風な父親への口のきき方をさせておくわけにはいかない）

　　I had my bag carried.

　　（私はバッグを盗まれた）

今回の問題は単純に let O 原形 ～の問題と考えられるので、**①が正解**となる。

全体の意味は

「何もしないで彼らをそこに座らせておくな」

となる。

練習問題

☑ **1** 適切な語を入れよ。

免許証用の写真を撮ってほしいのですが。

I'd like to have my picture (　　　　) for a driver's license.

☑ **2** 適切なものを選べ。

Financial conditions (　　　) her to give up going abroad for study.

① inspired　② encouraged　③ forced　④ allowed

☑ **3** 適切なものを選べ。

I will let you (　　　) the others of my progress on this project.

① inform　② informing　③ informed　④ to inform

☑ **4** 日本語に合うように [　　　] 内を並べ替えよ。ただし、不要な語が1語含まれている。

級友を代表してお礼の言葉を述べさせていただきます。

On behalf of my classmates, [me / thanks / speech / say / of / words / let / a few]

☑ **5** 適切な語句を [　　　] から選んで入れよ。

The doctor wanted the patient to understand that, even though she felt weak and sick, the medications would soon (　　　)(　　　)(　　　), and that, (　　　), she could still (　　　)(　　　).

[with the right treatment / make / a long life / live / her / feel better]

☑ **6** 下線部のうち誤りのある部分を選び、訂正せよ。

The house looked <u>great</u>. Mom and Dad had all the windows and floors <u>clean</u> <u>professionally</u> so everything <u>sparkled</u>.

☑ **7** 適切なものを選べ。

I always have my brother (　　　) my spelling.

① check　② checked　③ being checked　④ will check

☑ **8** 日本語に合うように [　　　] 内を並べ替えよ。

週末までには車を修理してもらおうと思う。

I'll [my / have / the / car / by / repaired] weekend.

解 答

1 taken   2 ③   3 ①   4 let me say a few words of thanks
5 make, her, feel better, with the right treatment, live, a long life
6 clean → cleaned   7 ①   8 have my car repaired by the

解 説

1 have + O のうしろが穴埋めになっていて、O との関係を考えると picture（写真）は「撮られる」の関係なので pp を書く。よって taken が正解。

2 うしろに O + to ～ が続いていて、文全体が「許可」ではなく「強制」のニュアンスなので③が正解。
和訳：お金の問題が彼女に留学することをあきらめさせた。

3 let you のあとなので、素直に動詞の原形が正解となる。よって①が正解。
和訳：このプロジェクトについての進捗状況を他のみんなに伝えることを許します。

4 let + O +原形の形を使い、let me say a few words of thanks（不要な1語は speech）とする。

5 … would soon make her feel better, and that, with the right treatment, she could still live a long life.
和訳：その医師は、たとえ体力の減退を感じ気分が悪くなっても、その薬が彼女の気分を良くさせ、適切な治療をすればまだ長く生きることができるということをその患者に理解してほしかった。

6 had のうしろの all the windows and floors が目的語で、「窓や床」は「きれいにする」ではなく「きれいにされる」なので cleaned にすべき。正解は clean の部分を cleaned に変える。so everything sparkled の部分は so that の that が省略されている（so that everything sparkled ということ）。
和訳：その家は立派に見えた。母と父は窓と床を専門業者に掃除してもらい、すべてがきれいになった。

7 使役動詞 have の後に「兄がつづりをチェックする」という関係が成り立つので、原形の①を選ぶ。
和訳：私はいつも兄につづりをチェックしてもらっている。

8 使役動詞 have の後に「車が修理される」という受動の関係が成り立つよう、O + pp を整える。

応 用 問 題

☑☑☑ **1** 指定の語数で英訳せよ。ただし、与えられた語の形と語順を変えずに用いること。

もう一度やって見せて。

　[Let / it]（7 語）

☑☑☑ **2** 指定の語数で英訳せよ。ただし、与えられた語の形と語順を変えずに用いること。

彼がどうしてあんなことをしたのか私にはわからない。

　[see / what / do]（10 語）

☑☑☑ **3** 指定の語数で英訳せよ。ただし、与えられた語の形と語順を変えずに用いること。

彼は会議で自分の考えをわかってもらうのに苦労した。

　[a hard time / himself / at the meeting]（11 語）

解　答

① Let me see you do it again.

② I don't see what made him do things like that.

　　または I don't see what made him do such a thing.

③ He had a hard time making himself understood at the meeting.

解　説

① 「もう一度やって見せて」という日本語は、「あなたがもう一度それをやるのを私に見せて」と、省略を補わないと英語に直せない。Let + O + 原形で「私に見せて」となるよう Let me see で書き出す。この最後の see が知覚動詞で同じく O + 原形を導くため、続きは「あなたがもう一度それをやるのを見る」となるよう see you do it again とする。

② 使用指定の see は名詞節を目的語にすると「わかる、気づく」を表すので、I don't see が書き出しと決まる。「彼がどうしてあんなことをしたのか」は what を使用しなくてはならないので、「何が彼にあんなことをさせたのか」と訳し直してから英語にする。「彼が〜をする」という能動関係は make + O + 原形でも cause + O + to 原形でも表せる。本問では語数から make の過去形を採用し、what made him do とまとめる。「あんなこと」は things like that だが、「そんなこと」としても変わらないので such a thing でよい。

③ himself が指定されていることから、「会議で自分の考えをわかってもらう」は make himself understood at the meeting だとすぐに見抜かなくてはいけない。「〜するのに苦労する」は have difficulty (in) 〜 ing と have trouble (in) 〜 ing が一般的だが、difficulty / trouble の位置に a hard time を使うこともある。いずれの場合も in が省略可能で、本問では語数指定により in を省略することが求められている。

参考: 埼玉医科大学（2020 年度）の長文では、trouble を選ぶ問題が出題されている。

　　…but most people have（　　　　）making sense of 〜

　　正解が trouble となり、in が省略されている。

　　「しかし、ほとんどの人々は〜を理解するのに苦労している」

07 to ～と～ingで
意味が異なる動詞

　昔から有名な分野です。remember と forget が特に有名ですが、上位校になると try や regret が出題されます。この分野が出題された場合はその文章をしっかりと把握し、to ～と～ ing のどちらにするのかを冷静に判断すること。

【7】適切なものを選べ。

I don't remember (　　　　) the letter, but perhaps I read it.

① to seeing　　② see　　③ seeing　　④ to see

POINT ノート

重要ポイント❶　remember，forget，regret は～ing をとると過去になる

| remember to ～ | ～することを覚えている |
| remember ～ing | ～したことを覚えている |

| forget to ～ | ～することを忘れる |
| forget ～ing | ～したことを忘れる |

| regret to do | これから～するのを悔やむ → 残念ながら～する |
| regret ～ing | ～したことを悔やむ |

重要ポイント❷　need と want は～ing をとると受動になる

| need to ～ | ～する必要がある |
| need ～ing | ～される必要がある |

| want to ～ | ～したい |
| want ～ing | ～される必要がある |

⚠ 重要ポイント❸　try の違いは例文で理解する方が良い

try to 〜　　　　　　　〜しようとする

try 〜ing　　　　　　　試しに〜してみる

〈例文理解〉

He tried to buy it.（彼はそれを買おうとした）＝まだ買っていない

He tried buying it.（彼はそれを試しに買ってみた）＝買った

このように、to 〜と〜ing で意味が異なる動詞は正確にひとつひとつマスターしてください。

今回は、regret を使った実践的な例文を下記に掲載しておきますので参考にしてください。

〈参考問題〉

　If you don't contact us, I regret to inform you that we have to be forced to resort to the legal action against you.

　（もしあなたが弊社に連絡をしない場合、残念ながら御社に対して法的措置を取らざるを得ないということをお知らせすることになってしまいます）

少し怖い内容の例文ですが、実践的な会社とのやりとりの一部を切り取ってみました。

――――――――――――――――――――――――――

今回の問題は、「手紙を<u>見た</u>ことを覚えていない」という意味にしないと全体の意味が通らないので、**③が正解**となる。

全体の意味は、

「私はその手紙を見たことは覚えていないがひょっとしたら読んだかもしれない」

となる。

練習問題

☑☑☑ **1** 適切なものを選べ。

I'm so sorry. I didn't remember (　　) my identification card with me.

① bringing ② having brought

③ to bring ④ to have brought

☑☑☑ **2** 適切なものを選べ。

Please remember (　　) the door when you leave for school.

① to lock ② locking ③ to have locked ④ having locked

☑☑☑ **3** 適切なものを選べ。

I will never forget (　　) Mt. Fuji for the first time.

① climbing ② to climbing ③ to climb ④ to have climbed

☑☑☑ **4** 適切なものを選べ。

I regret not (　　) to university when I was young.

① to go ② going ③ went ④ gone

☑☑☑ **5** 適切なものを選べ。

I regret (　　) you that your application has been refused.

① having informed ② to have informed

③ informing ④ to inform

☑☑☑ **6** 適切な語を入れよ。

He needed to be looked after.

= He needed (　　) after.

☑☑☑ **7** 適切なものを選べ。

The poor woman tried (　　) out "Help!", but the word stuck in her throat.

① having shouted ② shouted ③ shouting ④ to shout

解 答

1 ③　　2 ①　　3 ①　　4 ②　　5 ④　　6 looking　　7 ④

解 説

1 「持ってきた」ことを覚えてないのではなく「持ってくる」ことを覚えていなかったので③が正解。
和訳：本当にごめんなさい。ID カードを持ってくることを覚えていませんでした。

2 「閉めた」ことを覚えておきなさい、ではなく「閉める」ことを覚えておきなさい、なので①が正解。
和訳：学校に行くときにドアを閉めることを覚えておきなさい。

3 「はじめて富士山に登ったことを忘れることはない」となるはずなので①が正解。
和訳：私は初めて富士山に登ったことを決して忘れはしない。

4 when I was young から「大学に行かなかったこと」となる②を選ぶ。not は〜ing の直前に置くことも確認。
和訳：私は若い時に大学に進学しなかったことを後悔している。

5 「あなたの申込みがすでに断られていること」を、過去に「伝えた」なら③、これから「伝える」なら④と考えられるが、has been refused という現在完了形があるので、正解は④と決まる。
和訳：誠に申し訳ありませんが、今回のお申し込みは受け付けられなかったことをお知らせいたします。

6 need 〜 ing は「〜される必要がある」と受動の意味が含まれる。
和訳：彼は世話される必要がある。

7 stuck は stick「動かなくなる」の過去形で、but 以下は「その言葉は喉でつかえた」つまり「声にならなかった」となる。よって、「助けて」という叫びが実行されなかったという内容になる④が正解である。
和訳：その哀れな女性は「助けて」と叫ぼうとしたのだが、喉でつかえて声にはならなかった。

応用問題

☑☑☑ **1** 適切なものを選べ。

"The video projector doesn't seem to be working." "Try (　　　) the yellow button."
①　being pressed　　②　pressed　　③　press
④　to press　　　　　⑤　pressing

☑☑☑ **2** 適切な語を入れよ。

The flowers in the garden are dying! They want (　　　).
①　to water　　②　to be watering　　③　watered　　④　watering

☑☑☑ **3** 指定の語数で英訳せよ。ただし、与えられた語の形と語順を変えずに用いること。

彼女は年よりうんと若く見せようとした。
[tried / look / really]（10 語）

44

解　答

1 ⑤　　2 ④

3 She tried to look much younger than she really was.

解　説

1 「黄色いボタンを押そうとしてごらん」では押さないことになってしまうので「黄色いボタンを試しに押してごらん」とすべきなため、⑤が正解。
和訳：「ビデオプロジェクターが動いてないみたい」「黄色いボタンを試しに押してごらん」

2 主語の They は The flowers in the garden で、water「水を撒く」との組み合わせは受動態の関係。不定詞なら to be watered と受動態で書くが、**重要ポイント❷**より want ～ing は need と同じで「～される必要がある」。正解は④である。
和訳：庭の花が枯れかけている。水を撒いてやる必要がある。

3 tried と look が指定されているので、「彼女は～見せようとした」は She tried to look ～とすぐに決まる。「年よりうんと若く見せる」は really が指定されているので、「実際よりずっと若く見える」と直して考える。younger than 前後の比較対象は「見かけ vs 実際」だが、「見かけ」が look という動詞なので「実際」も really という副詞だけではなく be 動詞で表現する。比較級の強調には much や far などを用いる。「見かけ→⑤ looks」、「実際→⑤ (really)is」と覚えておくとよい。
例）He looks younger than he really is.
　　　　　彼は実際よりも若く見える。

　　　He is younger than he looks.
　　　　　彼は見かけよりも若い。

08 wishの語法

　文法上は「仮定法」の仲間ではありますが、あまりにも出題率が高いため、本書では別のテーマで設定しました。wish と if only と would rather の関係も含めて、しっかり理解をしてください。

【8】適切なものを選べ。

I am going to work in Paris for the next two years. Now I wish I (　　)
French in university.

① study　　② had studied　　③ had been studied　　④ am studying

POINT ノート

⚠️ 重要ポイント❶　wish（that）S ＋ V の V に置く動詞の形

I wish S 過去形　　・・・「今」または「未来」の話
I wish S had ＋ pp　・・・「昔」の話

※ had ＋ pp の部分に can を入れるときは could have ＋ pp とする。
　 I wish I could have prepared for it then.
　 （その時それに対する準備ができていたらなあ）

※ I wish の部分は If only / I would rather に書き換えることができる。
　 I wish　 I were a doctor.
　 ＝ If only 　I were a doctor.　　←重要ポイント❷参照
　 ＝ I would rather 　I were a doctor.　←重要ポイント❷参照
　 （私が医者だったらなあ）

※ wish には第4文型の用法もある。（O1 の O2 を願う）
　 We wish you a Merry Christmas.
　 　S　V　O1　　O2
　 （あなたの楽しいクリスマスを願っています）＝素敵なクリスマスを。

※ wish には to 原形〜を続ける用法もある。

I wish to go there. （私はそこに行きたい）

重要ポイント❷　if only と would rather の注意点

・if only は3通りの使い方があり、I wish とイコールになるのは下記の(1)の場合。

(1) If only S + V 〜

= I wish

(2) If only S + V 〜 , S + V … （もし〜しさえすれば…だろう）

(3)(even) if only to 原形 〜　　（たとえ〜するためだけだとしても）

・would rather は wish の使い方と同じになる用法の他に、

would rather 原形〜 than 原形…　（…するよりむしろ〜したい）

の用法もあり、than 原形…の部分は省略されることも多い。

That's a little bit confusing. That's why I would rather explain it to you face-to-face.

（それは少し混乱を招くものなので、むしろ直接会ってそれをあなたに説明したいのですが）

この例文では、than 以下が省略されていますが、「電話で話すよりも」のようなニュアンスが隠れていることを相手に察してほしいイメージです。

今回の問題は I wish があるのでそのうしろは過去形か had + pp になるはずなので②か③に絞られる。③を選んでしまうと「私が勉強される（受動）」になってしまうので、「私は勉強する（能動）」のはずであるから**②が正解**となる。

全体の意味は、

「これから2年間パリで働く予定だ。大学でフランス語を勉強していたらなあ、といま思う」

となる。

練習問題

☑☑ **1** 適切なものを選べ。

As I don't have much money now, I wish I (　　　) so much on my computer yesterday.

① spend　　② spent　　③ hadn't spent　　④ will not spend

☑☑ **2** 日本語に合うように [　　　] 内を並べ替えよ。

私は都市に住んでいるもっと多くの日本人が、人前でも人の見ていないところでも同じように振る舞うようになればよいと思います。

I wish more [would / both / act / cities / the / in / living / same / in / Japanese] front of people and behind their backs.

☑☑ **3** 適切なものを選べ。

I wish I (　　　) back the clock and do it all over again.

① can turn　　　② could turn　　③ had turned

④ have turned　　⑤ turned

☑☑ **4** 適切なものを選べ。

I wish the train (　　　) on time. It would have been so much easier to find a hotel room.

① has arrived　　② had arrived　　③ would've arrived

④ should be arrived

☑☑ **5** 適切なものを選べ。

I can't hear what he is saying. I wish he (　　　) louder.

① is speaking　　② must speak　　③ speaks　　④ would speak

☑☑ **6** 適切なものを選べ。

I wish I (　　　) this camera at that time.

① had　　② would have had　　③ have had　　④ had had

☑☑ **7** 適切なものを選べ。

I didn't see him the last time he came here. I wish I (　　　).

① did　　② had　　③ have　　④ were

☑☑ **8** 適切なものを選べ。

If (　　　) I could speak English as fluently as you!

① not　　② so be　　③ only　　④ merely

48

解 答

1 ③ 2 Japanese living in cities would act the same both in
3 ② 4 ② 5 ④ 6 ④ 7 ② 8 ③

解 説

1 wish があるので過去形か had + pp のため、②か③であるが、文末に yesterday があることから過去の話と考えて had + pp を正解とする。③が正解。

和訳 : 今お金があまりないので、昨日そんなにたくさんのお金をコンピュータに使わなければよかったなあと思う。

2 Japanese living in cities would act the same both in 〜 が答え。wish + S のうしろに will の過去形である would が続いている。後半は both A and B で in front of people と behind their backs の前置詞のまとまり 2 つが結ばれている。

3 wish があるので②, ③, ⑤に絞られ、and の同形反復を考えて、and のうしろが do という動詞の原形のため、②の could turn を選び、turn and do の同形反復を完成させる。②が正解。

和訳 : 時計を戻してそれをすべてもう一度やり直せればなあ。

4 wish があるので②が正解。

和訳 : 電車が時間通りに到着していたらなあ。ホテルの部屋を見つけるのはずっと楽だっただろうに。

5 I wish があるのでうしろは「過去形」か had + pp なので答えは④。

和訳 : 彼が何を言っているのか私には聞き取れない。もっと大きな声で話そうとしてくれたらいいのに。

6 at that time「当時」があるので昔の話だと判断し、had + pp になっている④が正解。

和訳 : 当時このカメラを持っていたらよかったなあ。

7 前の文で昔の話をしているので had + pp が答えとなり、pp が省略されている had が正解。

和訳 : 彼が最後にここに来たとき私は彼に会わなかった。会っていたらなあ。

8 If only は I wish と同じ使い方ができるので正解は③。

和訳 : 君ほど流暢に英語を話せたら (いいのに) なあ！

応 用 問 題

☑☑☑ **1** 適切なものを選べ。

"I'll repair your car tomorrow, OK?" "(   )."

① I'd rather you did it today　　② I'd prefer doing it now

③ I'd rather did it today　　④ I'd prefer did it now

⑤ I'd rather doing it today

☑☑☑ **2** 適切なものを選べ。

Does your boy like his new school? — (   )

① If only he did!　　② If only he ought to!　　③ If only he might have!

④ If only he may!　　⑤ If only he wish !

☑☑☑ **3** 英訳せよ。

手伝ってあげられるといいんですが、今日はその暇がないんです。

50

解 答

1 ①　2 ①

3 例1) I wish I could help you, but I don't have the time today.
　 例2) I wish I could help you, but I am too busy today.

解 説

1 ①が正解で、I wish の代わりに I would rather が使用されるパターン。「今」の話で過去形が使用されている。
　 和訳:「私はあなたの車を明日直しますがいいですか？」「できれば今日してもらいたいのですが」

2 If only を I wish の意味で使用しているので、答えは①。
　 和訳: おたくの坊や新しい学校は気に入ってるの？一気に入ってるならいいんだけどね！

3 「手伝ってあげられるといいんですが」は「私は今あなたを手伝うことができたらいいのに」と英語に直しやすい日本語に読み替え、I wish で書き出す。「今日はその暇がないんです」は「忙しすぎる（I'm too busy)」とする。

THEME 09 連鎖関係代名詞

この分野は参考書によって２つの教え方に分かれます。

　1. ネイティヴがどう考えているかの観点から解説。

　2. 文法的に２つの文に分けて解説。

どちらが良い悪いではなく、「理解」ができればどちらでも大丈夫なので、本書では 1. で説明をしていますが、2. ですでに学習済みの方は「理解できているのであれば」それで全く問題ありません。

【9】適切なものを選べ。

If you're crazy, you may want to do something (　　) everyone has told you is impossible.

① that　　② like　　③ as　　④ as if

POINT ノート

The man 〈 who (I thought) was honest 〉 deceived me.

（正直だと私が思っていた男が私をだました）

重要ポイント❶　連鎖関係詞の基本

関係代名詞と動詞の間に SV が入り込むことがある。

どういうときに入り込めるか？ → うしろに that 節を続けられるもの

　上記の例文では、もともとなかった I thought が挿入されているが、thought はうしろに that 節を続けられるので入り込むことができる。うしろに that 節を続けることができるものの代表例は think / believe / feel / say / know などであるが、I told you のようなものも、I told you that SV … という形が存在するため、I told you を挿入句として挿入することができる。

重要ポイント❷　連鎖関係詞の省略

連鎖関係詞は挿入とはいえ、見かけ上は関係詞のうしろに SV が続いているので関係詞は省略することができる。従って、上記の例文では、

The man I thought was honest deceived me.

としても正しい文となる。並べ替え問題などでよく狙われる。

> 注意　ちなみに、英語学的には連鎖関係詞は「挿入」ではないのですが、ネイティヴスピーカーも「挿入」のつもりで話しているし、受験生は「挿入」という覚え方で問題ありません。

重要ポイント❸

what や whatever、whoever のような先行詞が無い関係代名詞と動詞の間にもSV が入り込むことはある。

Do what (you think) is right.
　　　　　　S　V
（自分が正しいと思うことをしなさい）

Whoever (we think) deserves the award will certainly get it.
　　　　　S　V
（受賞にふさわしいと私たちが思う人が確実に受賞する）

今回の問題は、everyone has told you が挿入されている、と考える。everyone has told you that SV…という形が可能だからである。

この選択肢の中で関係代名詞は①の that しかないので①が**正解**となる。

全体の意味は、
「もしあなたが crazy であれば、不可能だと誰もがあなたに言うようなことをしたいかもしれない」
となる。

練習問題

1 日本語に合うように [   ] 内を並べ替えよ。ただし、文頭にくるものも小文字で示してある。

その少女を君だと思っていたが実は他人だった。

[I / the girl / a / you / be / proved / stranger / thought / to / was / who].

2 日本語に合うように適切なものを選べ。

あなたのお兄さんだと思った男性は、実は違う人だった。

The man (   ) your brother proved to be the wrong person.

① was I thought   ② who was I thought

③ I thought he was   ④ who I thought was

3 適切なものを選べ。

The researchers have found old paintings they believe (   ) from the middle of the 7th century.

① that date   ② them to date   ③ they date   ④ date

4 適切なものを選べ。

All the attendants were impressed by his speech, (   ) I think is natural.

① that   ② where   ③ which   ④ what

5 [   ] 内を並べ替えよ。

Among the topics that teachers feel students were interested in discussing but that [should / most / believe / teachers / not] be discussed in the classroom were politics, race relations, and Vietnam War.

6 適切なものを選べ。

Yesterday I met the man (   ) you said was the town headman.

① about whom   ② to whom   ③ who   ④ whom

7 誤りのある箇所を選べ。

The supervisor ① was advised to give the assignment ② to whomever he ③ believed had a strong ④ sense of responsibility.

8 適切なものを選べ。

There really isn't much choice; just take (   ) you think will last longer.

① it   ② that   ③ whichever   ④ which

解 答

1 The girl who I thought was you proved to be a stranger
2 ④　3 ④　4 ③
5 most teachers believe should not
6 ③　7 ②（→ to whoever）　8 ③

解 説

1　The girl who I thought was you proved to be a stranger. が正解となる。I thought が挿入されており、後半の動詞部分は prove (to be) ～ [= turn out (to be) ～] で「～であるとわかる・判明する」という意味。

2　④が正解。ここでも1と同じように、後半の動詞部分に prove to be が使用されている。この連鎖関係詞の構文はこの表現と共に使用される場合が多い。

3　④が正解。they believe が挿入で、重要ポイント❷より、関係代名詞は省略されている。
和訳：調査員たちは、7世紀中ごろまでさかのぼると彼らが信じている古い絵を発見した。

4　③が正解。
和訳：すべての出席者は彼のスピーチに感動させられた。そしてそれは当然のことだと私は思う。

5　比較的容易に連鎖関係詞が見抜ける整序問題。that のあとに、most teachers believe が入り込んで、should not …と続ければ問題なし。全体は MVS 倒置。
和訳：生徒たちは議論することに興味があるが、教室では話し合うべきではないと先生たちが信じている話題の中には、政治、人種の関係、そしてベトナム戦争があった。

6　you said が入り込んだ形です。
和訳：昨日私は君が町長だと言っていた人に会いました。

7　he believed が入り込んでいるので、左側の関係詞は who になる。ever がついても考え方は同じなので、whoever が正しい。
和訳：その監督役の人は、責任感が強いと自分が信じる人なら誰にでも監督の役割を引き継げばよいと助言されていた。

8　you think が入り込んでいるので、will につながる主格の関係代名詞を選ぶ。先行詞はないので③の whichever が正解である。
和訳：実際、選択肢はあまりない。自分がより長持ちしそうだと思うほうをどちらでも選ぶしかない。

応 用 問 題

☑☑☑ **1** Put the following words (a)-(g) into the correct order to fill in blank (1) and complete the sentence. Choose the letters of the 2nd and 6th words.

   The kiwifruit was first grown in the Yangtze Valley in China. Its name in Chinese, (1) is its real name, translates to mean "Monkey Peach," maybe because while it is delicious like a peach, it is hairy like a monkey.

   (a) would   (b) it   (c) fair   (d) say   (e) to   (f) which   (g) be

☑☑☑ **2** 指定の語数で英訳せよ。ただし、与えられた語の形と語順を変えずに用いること。

彼は自分が正しいと思うことをするだけの勇気がある。

[enough / what / thinks]（11 語）

☑☑☑ **3** 英訳せよ。

人の言うことなど気にしないで正しいと信じることをしなさい。

解 答

1. 2番目 (b) / 6番目 (e)（which it would be fair to say）
2. He is courageous [brave] enough to do what he thinks is right.
   または He has enough courage [bravery] to do what he thinks is right.
3. 例1）Don't worry about what other people say, and do what you believe is right.
   例2）Do what you are sure is right without caring (about) what others say.

解 説

1. it would be fair to say が入り込んだ連鎖関係詞。「うしろに that SV と続けることができる形なら入り込める」（重要ポイント❶参照）ので、say that SV …が可能なのでこれで OK。

   和訳：キウイはもともと中国の揚子江流域で栽培されていた。その中国名は、キウイの真の名前と言うのが公平なのだろうが、「モンキーピーチ」と英訳される。おそらくモモのように美味しくてサルのように毛むくじゃらだからである。

2. what he thinks is right となる連鎖関係詞。この形は会話でもよく使用するので丸暗記しておくと良い。「正しいと彼が思うこと」となる。

3. 「正しいと信じること」の部分を連鎖関係詞で書くことができるかどうかがポイント。"what you believe is right" が一般的な書き方である。もちろん sure もうしろに that 節を続けることができるので、解答例（2）の表現も可能。

10 so that

so that は「離れて使用した場合」と「くっついて使用した場合」で全く意味が違います。また、どのようなときに such 〜 that になるのかも含め、理解を深めてください。

【10】適切なものを選べ。

We'd walked (　　　) a long way we had to have a rest.

① so　　② such　　③ too　　④ enough　　⑤ very

POINT ノート

⚠ 重要ポイント❶　so 〜 that …が離れた場合

so 〜 that … 　(1)とても〜なので…

　　　　　　　　　(2)…するほど〜

「〜」の部分には通常形容詞または副詞が入る。

　This milk is so <u>hot</u> that …　　（hot は形容詞）

　He walks so <u>slowly</u> that …　　（slowly は副詞）

「〜」の部分に名詞を入れたいときは so を such に変える

He is <u>such</u> a good <u>friend</u> that …　（friend という名詞があるので so ではなく such）

※ただし、名詞があっても such にせずに so のままにする場合が以下の2つ。

(A)名詞の左側に many / much / few / little があるとき

　　例）He has so many friends that …

(B)うしろが形容詞 + a + 名詞の語順になっているとき（「けあな」と覚える）

↑ THEME14 参照。

　　例）He is so good a friend that …

! 重要ポイント❷　so that…がくっついた場合

so that …　(1)…するために

　　　　　　(2)そして… / だから…

so that の左側に comma(,) があれば、通常(2) (そして… / だから…) の意味になる。

※**重要ポイント❶❷**共に that は省略できる。(**重要ポイント❷**の場合は so を省略して that だけを残す場合もある。)

今回の問題は、that が省略されていて、way という名詞があるので such が正解となる。ちなみに、もし long a way という語順になっていたら so を選ぶことになる。

　such a long way (that) …

　so long a way (that) …

今回の問題は②が**正解**となる。訳は「私たちはとても長い道のりを歩いていたのでゆっくり休まなければならなかった」となる。

長文問題では、下記のような問題も出題されています。

〈設問〉空所に適切なものを選べ。[明治大]

　… The other characters are all Chinese: a lively three-year-old red monster called Little Plum, a furry blue pig, a kindly grandfather, a very sweet mother, and a little boy, An An, who is (　　) funny and cute and smart that when I met him I could scarcely believe how perfect he was for the past.

　(a) as　(b) so　(c) too　(d) very

この問題では、うしろに that があるため、「この that が何の that なのか?」を考えたとき、「あっ、so ～ that だ!」と考えて (b) を選ぶ形となります。

練習問題

☑☑☑ **1** 適切なものを選べ。

The movie was (　　　) interesting that I wanted to see it again.
① such　② too　③ so　④ much

☑☑☑ **2** 並べ替えよ。

Julia wore [a / bright / hat / such / that / yellow] everybody stared at it in amazement.

☑☑☑ **3** 適切な語を入れよ。

それは難しくて誰にも解けない問題だとわかった。
It (　　　) to be (　　　) a difficult problem that nobody could solve it.

☑☑☑ **4** 並べ替えよ。

We had [a / holiday / such / that / there / wonderful] we are going again next summer.

☑☑☑ **5** 適切なものを選べ。

The captain was so busy looking at the map (　　　) to notice the huge rock his ship was approaching.
① but for him　② but he could　③ that he couldn't　④ that he failed

☑☑☑ **6** 適切なものを選べ。

We put the paper in an envelope, handling it very carefully (　　　) no one could see what was written on the paper.
① except　② whether　③ so　④ concerning

☑☑☑ **7** 日本語に合うように [　　　] 内を並べ替えよ。

彼はとても疲れていたので新聞を読みながら眠り込んでしまった。
He was [asleep / fell / he / reading / so / the newspaper / tired / while].

解 答

1 ③ 　 2 such a bright yellow hat that 　 3 proved, such

4 such a wonderful holiday there that 　 5 ④ 　 6 ③

7 so tired he fell asleep while reading the newspaper

解 説

1 ③が正解。
和訳：その映画はとても面白かったのでもう一度見たくなった。

2 such a bright yellow hat that
和訳：ジュリアはとても鮮やかな黄色の帽子をかぶっていたので誰もが驚いて帽子を見つめた。

3 proved / such が入る。
※ prove to be ～は turn out to be ～と同じ意味で「～であるとわかる（判明する）」

4 正解は We had such a wonderful holiday there that we are going again next summer. となる。
和訳：私たちはとてもすばらしい休暇をそこで過ごしたので次の夏、またそこに行く。

5 ④が正解。（③を選んでしまうと couldn't のうしろに to がつながってしまう）
和訳：そのキャプテンは地図を見るのにとても忙しかったので自分の船が近づいている大きな岩に気づかなかった。

6 ③が正解。（so that の that が省略された形）
和訳：私たちは封筒に論文に入れ、その論文に何が書かれているか誰もわからないようにそれをとても注意深く扱った。

7 重要ポイント❷の※より that が省略できるので、解答のようになる。「新聞を読みながら」は、while he was reading the newspaper から he was が省略された形。

応用問題

1 日本語に合うように [　　　] 内を並べ替えよ。

２、３カ月で簡単な会話ができるようになるように、私はドイツ語の授業に打ち込んだ。
I [be able to / the German classes / on / threw / so that / myself / would / I / into / carry] a simple conversation within a few months.

2 指定の語数で英訳せよ。ただし、与えられた語句の形と語順を変えずに用いること。

私は眠くて、眼を開けていられなかった。
[so sleepy / couldn't / open] (11 語)

3 指定の語数で英訳せよ。ただし、与えられた語句の形と語順を変えずに用いること。

彼はひどく早口だったので、ついていけなかった。
[spoke / that / unable / follow him] (11 語)

解　答

1　threw myself into the German classes so that I would be able to carry on
2　I was so sleepy that I couldn't keep my eyes open.
3　He spoke so fast that I was unable to follow him.

解　説

1　正解は、I threw myself into the German classes so that I would be able to carry on a simple conversation within a few months. となる。

2　so sleepy の使用が指定されているから、「眠くて」は「とても眠かったので」に等しいと見なし、so sleepy that で文をつなぐ方針を立てる。sleepy は形容詞だから補語と判断し、He was so sleepy that と前半を整える。「眼を開けていられなかった」は keep O + C「O を C にしておく」の否定文と見抜き、後半を I couldn't keep my eyes open とまとめる。この open は形容詞。

3　「ひどく早口だったので」を使用指定の spoke に合わせて言い直すと「とてもはやく話したので」となり、He spoke so fast that までが決まる。後半は「私は」を補い、I was unable to follow him とまとめる。

11 強調構文

　ネイティヴが「強調」したいからこその「強調構文」。形容詞は強調構文では使用できず、名詞または副詞を it is ～ that ... で挟むことができます。疑問詞の強調構文も忘れずに！

【11】並べ替えよ。
彼女が詳しいのはヨーロッパの民謡ではなく、アジアの民謡です。
[in Asia / in Europe / it is / folk songs / not / that / those / she is / but]
familiar with.

POINT ノート

It was Kevin that went.（行ったのはケビンでした）
　　　　S　　　　V

重要ポイント❶　強調したい名詞または副詞を it is ～ that …で挟む（強調構文）

上記の文では、Kevin の部分を強調するために、it was ～ that …で挟んでいる。
※挟まれたのが「人なら who」に「物なら which」に that の部分を書き換えることができる。今回の文で言えば It was Kevin who went. でも OK ということになる。

重要ポイント❷　強調構文 it is ～ that の間に入る定番表現

It is ～ that の「～」の部分に
not A but B（A でなくて B）
not so much A as B（A というよりはむしろ B）
のどちらかが入る形が定番表現となっている。

It is not so much what you have already done as what you will do that counts.
　　　　　　　　　　　　　　　　　　S　　　　　　　　　　　　　　　　　　V
（重要なのはあなたがすでにやってしまったことというよりはむしろこれから何をやるかである）

　この例文は**有名重要構文のため、丸暗記**をお勧めする。

重要ポイント❸　疑問詞の強調構文

［×］It was who that went?

「行ったのは誰でしたか？」のつもりで who を挟んでも、正しい文にはなりません。強調構文で wh ではじまる単語を挟んだ場合、wh は先頭に移動し、

Who it was that went?

のようになります。そしてその文が疑問文であれば is it の語順になるので、

Who was it that went?

が正しい強調の形となります。

疑問詞 is it that 〜?　と覚えておきましょう。

今回の問題は、

It is not folk songs in Europe but those in Asia that she is familiar with.

と作り、強調構文を完成させる。

なお、It is 形容詞 that…としても強調構文にならない理由は、形容詞はそもそも C の位置で使った瞬間にただでさえすでに強調されているからである。

例）She is beautiful. この時点ですでに beautiful が強調。
　　S　V　C

ちなみに It is 形容詞 that…とすると、that 以下の部分が強調される。

練 習 問 題

1 適切なものを選べ。

When we put on thick clothing, (　　　) in the woolen loops that protects us from the cold.

① the air　　② there is the air　　③ it is the air　　④ and the air

2 日本語に合うように [　　　] 内を並べ替えよ。ただし、文頭にくるものも小文字で示してある。

うわさを流したのは秘書だと言われている。

[the rumor / it was / that / is said / circulated / it / the secretary who].

3 適切なものを選べ。

It was only when I read her letter (　　　) I realized what was happening.

① how　　② that　　③ why　　④ which

4 適切なものを選べ。

(　　　) that read my diary while I was out?

① Who was it　　② It was who　　③ Who it was　　④ Was it who

5 適切なものを選べ。

It is not what you read but how you read it (　　　) counts.

① that　　② what　　③ where　　④ how

6 適切なものを選べ。

It is the psychologist (　　　) studies the human mind.

① which　　② when　　③ who　　④ what

7 日本語に合うように [　　　] 内を並べ替えよ。

君に解いてもらいたいのはほかでもないこの問題なのだ。

It is this question [solve / I / to / you / want / that].

8 適切なものを選べ。

It was during the war (　　　) the new weapon was used.

① why　　② how　　③ that　　④ what

解　答

1. ③　　2. It is said that it was the secretary who circulated the rumor
3. ②　　4. ①　　5. ①　　6. ③　　7. that I want you to solve
8. ③

解　説

1. 「分厚い服を着るとき寒さから我々を守ってくれるのは羊毛のループの中の空気である」という意味になるように③を入れて強調構文を完成させる。

2. It is said that it was the secretary who circulated the rumor.
強調構文 it is ～ that の間に挟まれたのが the secretary（秘書）で「人」なので、**重要ポイント❶** より that の部分が who となっている。

3. It was に続いて only を伴う副詞節があるから、空所に that を入れて強調構文を完成させる。
和訳：彼女の手紙を読んでやっと何が起きているかを知った。

4. **重要ポイント❸**（疑問詞の強調構文）より答えはすぐに決まる。
和訳：私が出かけている間に私の日記を読んだのは一体誰だったの？

5. It is 直後に not A but B「A ではなく B」がある。A = what you read「何を読むか」と B = how you read it「それをどう読むか」はどちらも名詞節で、文型要素（S / O / C）のいずれかになるはず。一方、空所の後には counts「重要だ」という意味の動詞しかなく、主語（S）が不足している。よって、not A but B の部分が counts の主語、文頭の It is はこの主語を挟み込む強調構文の導入部と見抜く。
和訳：重要なのは何を読むかではなく、それをどう読むかだ。

6. 5に引き続き主語を挟み込む強調構文の問題で、主語が「人」。挟まれているのが人の時は that を who に変えてもよいので who が使用されている。
和訳：人間の頭の中（精神状態）を研究するのが心理学者である。

7. 与えられた日本語から、solve の目的語 this problem を It is と that の間に挟む強調構文であることは明白。後は「O にしてもらいたい」を want O to 原形で表せばよい。

8. It was during まで見て強調構文と判定してよい。during the war「その戦争の間に」は副詞句で、be 動詞の後に置いても補語にならないからだ。It is 副詞（句・節）that S + V は必ず強調構文である。
和訳：その新兵器が使われたのはその戦争の間のことであった。

応用問題

☐ **1** **日本語に合うように [   ] 内を並べ替えよ。ただし、文頭にくるものも小文字で示してある。**

一体なぜ私が怒っていると思うのですか。

[you / it / what / think / that / makes / is] that I'm angry?

☐ **2** **日本語に合うように [   ] 内を並べ替えよ。**

ずっと探していたものは一体何だったのですか。

What [been / had / it / looking / that / was / you] for?

☐ **3** **日本語に合うように [   ] 内を並べ替えよ。ただし、文頭にくるものも小文字で示してある。**

あなたが今度のパーティーで私に会わせたい人は誰ですか。

[is / it / me / that / you want / who] to see at the party?

☐ **4** **日本語に合うように [   ] 内を並べ替えよ。**

あなたと泳ぎに行けなかったのは、熱があったからです。

It is [because / that / I / fever / had / a] I couldn't go swimming with you.

☐ **5** **日本語に合うように [   ] 内を並べ替えよ。**

メンバー全員が真剣に練習する気になったのは、彼が成功したおかげだった。

It was his [that / the / motivated / success / to / all / members] practice more seriously.

☐ **6** **日本語に合うように [   ] 内を並べ替えよ。ただし、不要な語が1語含まれている。**

事故の原因はあなたではなく相手のほうだ。

It was not [driver / other / were / who / the / you / was / but] responsible for the accident.

解　答

① What is it that makes you think　② was it that you had been looking

③ Who is it that you want me　④ because I had a fever that

⑤ success that motivated all the members to

⑥ you but the other driver who was（不要な 1 語は were）

解　説

① 「一体なぜ」から 疑問詞 + is it that …? の問題と見抜く。疑問詞が why ではなく what なので、「一体なぜ…と（あなたは）思うのですか」は「一体何が…とあなたに思わせるのですか」と訳し直して文構造を整える。

② 「一体何」だから本問も疑問詞 + is it that …? の問題。What は過去完了進行形になった look for の目的語である。What was it that で疑問文の語順は使用済みなので、you had been looking for を had you …と疑問文の語順にしないよう気を付けたい。

③ 疑問詞 + is it that …? の問題でありながら本問のように「一体」と訳していない出題も整序作文ではよく見られる。

④ 「熱があったから」because I had a fever を、It is と that で挟み込み、It is 副詞節 that S + V の強調構文を完成させる。

⑤ 無生物 S + motivate + O + to 原形動詞「S のおかげで O は〜する気になる」の S を後回しにして訳した日本語と、It was his という書き出しを見れば、S を It is と that で挟み込む強調構文だとすぐわかる問題。元の文は His success motivated all the members to practice more seriously. である。

⑥ S is responsible for O「S が O の原因だ」の S を not A but B にして It is と who で挟み込む強調構文。not A but B が S になる場合、V は B に合わせる。「あなたではなく相手のほう」だから was が使われ、were は不要になる。

12 be動詞のすぐうしろに to不定詞が続いている場合

　この分野は「教え方がたくさんある！」分野であります。最もオーソドックスに解説をしています。様々な教え方があって問題ないと私は考えます。現時点で混乱している人は本書で理解して、問題が解けるようになればそれで OK です！

【12】並べ替えよ。
患者を手助けする 1 つの方法は、患者がストレスへの適応をうまく行う方法を学ぶのを助けることである。
One way to support patients [learn / stress / adapt / is / to / them / to / help / to / ways].

POINT ノート

！重要ポイント❶ be 動詞のすぐうしろに to 不定詞が続いている場合、以下の 3 通りを考える

(1) **be と to を切り離して to を「～すること」と訳す。**

One of my goals is to stop smoking.
　　　　　　　S　　　V　　　C
（私の目標のうちのひとつはたばこをやめることです）

(2) **be to をセットにして「～することになっている」と訳す。**

He　is to　go to China. （彼は中国に行くことになっている）

※ be supposed to ～（～することになっている）のほうが口語的で、be to を使って「～することになっている」を表す場合、かなりの堅さを感じる。また、be to は第三者の意図を感じさせる表現であり、例えば上記の英文であれば、「彼は中国に行くことになっている」のだが、「彼」が「首相や大統領」などで、第三者（外務省職員や秘書など）が動いてそのことを決めたというニュアンスがある。

(3) **be to をセットにして「予定・意図・可能・運命・義務」のどれかで訳す。**

Beer like this　is　not　to　be had outside of Japan. この is to は can の意味。
（こんなビールは日本の外では飲めない）

論理的読解法をリスニングで学ぶ

劇的に学力を伸ばす!!

出口式現代文音声講座

大切なのは、耳で「集中」、目で「問題を追う」こと。

味覚 1%
嗅覚 2%
聴覚 3%
触覚 7%
視覚 87%

現在多くのオンライン講座が、YouTube をはじめとした「映像」で展開されています。多くの情報を処理する人間の脳の大部分、80％～90％が「視覚情報」に割り当てられているといわれており、「国語」という教科においては、映像による「視覚情報」の処理と問題を解く「思考」を同時進行させることがとても困難といえるのです。
出口音声講座はこの「思考」→「音声講座を聴く」→「思考」というプロセスが最も効果が高い学習法であるということに着目した、まさに「現代版ラジオ講座」なのです。

1 まずテキストを解く
まずはテキストとなる参考書・問題集等の問題を自力で解いてみます。

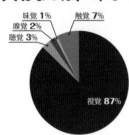

2 音声講座を受講する
自身の読み方・解き方と、講師のそれとを比べ、「どこが同じ」で「どこが違う」のかを確かめます。

3 別冊解説集を熟読する
講義終了後、別冊の解説集をじっくり読み、講義を再度活字にて整理します。この復習が最高の効果をもたらします。

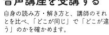

お問い合わせ・お申し込みはこちらから

 株式会社 水王舎

〒160-0023 東京都新宿区西新宿 8-3-32
【電話】03-6304-0201 【FAX】03-6304-0252
【URL】https://onsei.suiohsha.net/

※ be to が「可能」を表す場合の条件

左記の例文は「可能」を表すが、be to が「可能」を表す場合、

　(1) 否定文　(2) to のうしろに be + pp が続いている

という 2 つの条件を満たしている必要がある。なお、

　　Water was to be found only at an oasis. （水はオアシスでしか発見できなかった）

のように「否定」の役割を only が果たすこともある。

(only は文法上否定の仲間であることは THEME01 の**重要ポイント❶**参照)。

※ if のうしろにある be to は「意図」（〜しようとする）で訳す

例) If you are to realize your dreams, you must exercise your imagination.
　　（もしあなたが夢を実現しようとするなら想像力を働かせなければならない）

❗ 重要ポイント❷　be to have + pp

be to のうしろに have + pp を続けて be to have + pp とすると「〜することになっていたのに（そうならなかった）」を表す。正確には be の部分は過去形で使用されるので was to have + pp （または were to have + pp）の形で使用される。

The meeting was to have taken place several weeks ago.
（そのミーティングは数週間前に行われることになっていたのに）
※ちなみに was supposed to have + pp の形もあるので上記の文は The meeting
　was supposed to have taken place several weeks ago. とすることもできる。

今回の問題は、**POINT** ノート内の**重要ポイント❶**の(1)にあたり、is と to を切り離して「〜すること」と訳すパターン。

正解は、

　One way to support patients is to help them learn ways to adapt to stress. となる。

なお、adapt to（〜に適応する）の部分であるが、ad で始まる動詞のうしろにセットとなる前置詞は to なので、覚えておくと便利。adhere to 〜 / adjust to 〜 / addicted to 〜など。

練習問題

☑☑ **1** 適切な語を入れよ。

会議はホールで行われることになっていたが土壇場になって中止になった。

The meeting (　　　) to have taken place in the hall, but was cancelled at the (　　　) moment.

☑☑ **2** 適切なものを選べ。

We are (　　　) check out of the hotel by 11:00.

① suppose to　　② supposedly　　③ supposing to　　④ supposed to

☑☑ **3** 適切な語句を入れよ。(語句なので何語でも)

金曜日までに出すことになっているのですけれど。

It's (　　　) handed in (　　　).

☑☑ **4** 適切なものを選べ。

The Prime Minister (　　　) to visit America next month.

① will be　　② takes　　③ is　　④ makes

☑☑ **5** 適切なものを選べ。

If you are (　　　) your desire, you must exercise your imagination.

① realize　　② being realized　　③ realized　　④ to realize

☑☑ **6** 適切なものを選べ。

(　　　) you are to get to the meeting in time, you should leave now.

① Although　　② If　　③ When　　④ While

☑☑ **7** 適切なものを選べ。

We searched everywhere for the dog, but it was (　　　).

① not to find　　② not to be found　　③ to be not found　　④ to have not found

☑☑ **8** 適切なものを選べ。

We looked everywhere but the thief was nowhere (　　　).

① having seen　　② seeing　　③ to be seen　　④ to seen

☑☑ **9** 適切なものを選べ。

The true history of art in post-war America is (　　　) written.

① yet be　　② still　　③ gotten　　④ yet to be

解 答

　① was, last　　② ④　　③ supposed to be, by Friday
　④ ③　　⑤ ④　　⑥ ②　　⑦ ②　　⑧ ③　　⑨ ④

解 説

① **重要ポイント②**より was を入れ、「土壇場」は at the last moment と表現する。正解は was / last。

② **重要ポイント①**の(2)より be supposed to 〜で「〜することになっている」となり、正解は④となる。

③ **重要ポイント①**の(2)より supposed to be を入れ、後半は by Friday を入れる。

④ next month に着目。③の is を選び、be + to を完成させる。①は will と be to が重複するので誤り（be to は助動詞扱いである）。
　和訳：首相は来月訪米することになっている。

⑤ If you are に着目。④を選び、if のうしろにある be to は意図。①の原形は be 動詞の直後に置けない。また、②と③は受動態で直後の your desire を目的語にすることができない。つまり、消去法でも④を選べる問題である。
　和訳：願いをかなえたいのなら、想像力を働かせなさい。

⑥ 接続詞の選択問題だが、if のうしろにある be to は意図なので解答は決まる。
　和訳：ゆとりをもって会議に行きたいなら、もう出かけたほうがいい。

⑦ 空所直前の it was にどの選択肢を組み合わせても be + to になる。誤りのない書き方を特定させることが出題の狙い。①は主語の it は「見つける」のではなく「見つけられる」ので不可。**重要ポイント①**の(3)より、be to が「可能」になる条件２つを満たしているので正解は②。
　和訳：私たちはその犬がいないかとあらゆる所を探したが、見つけることはできなかった。

⑧ not が nowhere に変わっているだけで⑦とほぼ同様の問題。③で「可能」の be + to を完成させる。やはり**重要ポイント①**の(3)の２つの条件は満たしている。
　和訳：あらゆる場所を見て回ったが泥棒はいなかった。

⑨ be + to の間に yet という副詞を割り込ませた④が正解。「まだ〜する予定になっている」が直訳で、「（するのは先だから今は）まだ〜していない」と否定で訳す。be yet to 〜／ have yet to 〜 は同じ意味で「まだ〜していない」と覚えて OK。また、remain to be + pp も「〜されなければならない状態のままだ」が直訳で「まだ〜されていない」と覚える。
　和訳：戦後アメリカの真の美術史はまだ書かれていない。

応 用 問 題

☑☑☑ **1** 日本語に合うように［　　　］内を並べ替えよ。

公会堂へ彼らが入っていったとき物音ひとつ聞こえなかった。

When they walked into the auditorium [a sound / to / not / be / heard / was].

☑☑☑ **2** 日本語に合うように［　　　］内を並べ替えよ。

天候が良くなりしだい運動会は行われる。

As soon as [meeting / up / it / athletic / the / is / to / be / held / clears].

☑☑☑ **3** 指定の語数で英訳せよ。ただし、与えられた語の形と順序を変えずに用いること。

誰かが空港に私たちを迎えにきてくれることになっていた。

[was / meet / airport]（8語）

解　答

1. not a sound was to be heard
2. it clears up, the athletic meeting is to be held
3. Someone［または Somebody］was to meet us at the airport.

解　説

1. 「可能」を表す be + to の整序作文。注意すべきは not の位置。could not と同じと考えて was not to にすると「（他の音は聞こえたが）あるひとつの音が聞こえなかった」というニュアンスになり、日本語と一致しなくなる。「物音ひとつ聞こえなかった」＝「聞こえた音はひとつもなかった」を表す場合、not の位置は a sound の前になる。

2. 「～することになっている」の be to を使う。hold の「（会や式を）開催する」という用法を知っていれば後半 the athletic meeting is to be held が整う。前半は「天気」の it を主語に it clears up とすれば、未来時制を現在形で代用した「時の副詞節」が完成する。

3. 使用指定の was と「～することになっていた」という日本語から、be to の作文問題と見抜く。meet は「（人を）出迎える」という用法で see 人 off「人を見送る」の反意表現。「空港に私たちを迎えにきてくれる」を直訳すると come to the airport and meet us there となるが、大幅な字数制限オーバー。ここは「空港で私たちを出迎える」と読み替え、meet us at the airport とまとめる。

比較級にtheが付く場合

比較級に the が付く場合は全部で３つ！最近は none the less のようなややこしい構文はそれほど出題されることもないので、オーソドックスな理解を本書でしてしまい、問題演習に励んでください。

【13】適切なものを選べ。

I like the boy (　　　) his cleverness.

① all the better for　　② all but　　③ anything but　　④ all the more

---

POINT ノート

前提：**通常比較級に the は付かない**（He is taller than Tom.）。

> **⚠ 重要ポイント❶**　比較級に the を付けるのは以下の３つ

(1) 文中に of the two がある→比較級に the を付ける。

He is the taller boy of the two.（彼は２人の中で背が高い方だ）

(2) the 比較級が２回続いて「～すればするほど…」と訳す。

the 比較級 S ＋ V ～ , the 比較級 S ＋ V …（～すればするほど…）

・The sooner, the better.（早ければ早いほどよい）

・The more, the merrier.（多ければ多いほど楽しい）

上記はどちらも S ＋ V ～の部分が省略された慣用表現。

・The smaller the garden is, the easier it is to look after it.

前半のまとまりの V に will はダメ

例）The more time people spend together, the better they will understand
each other.
　　　　　　　　　　　　　ここで will はダメ

(3) the を「その分だけ」と訳す。

実際には(2)の the も「～すればするほどその分だけ…」なので(2)と(3)は本来は同じなのだが、受験では区別しておいたほうがよい。

〈例文〉

I like him all the better for his kindness.

（彼の優しさのためにその分だけ私は彼が好き）

I like him all the better because he is kind.

（彼が優しいのでその分だけ私は彼が好き）

上記の例文のように、この構文では

　for ＋名詞

　because ＋ SV

のどちらかを用いて「理由」を表す場合が多い。しかし、for ＋名詞の部分は、
on account of 〜（〜が理由で）などで代用される場合もある。

※この構文で使用されている all は the ＋比較級を強調するために直前に置かれる
　 もので、特に訳はなく、「強調の all」と思っておけばよい。ただ、その all の部
　分を none に入れ替えることができ、その場合は「否定の意味」が加わる。

I like him none the better for his kindness.

（彼の優しさのためにその分だけ私は彼が好きということはない）

＝彼は優しいが、だからといって好きになったということはない。

今回の問題では、(3)のパターンとして当てはまる。よって、**①が正解**となる。

全体の意味は

「その男の子は賢いのでその分だけ私はその子が好き」

となる。

☑☑☑ **1** 適切な語を [　　] から選んで入れよ。

The (　　) we (　　) to (　　) trip to Boston, the (　　) (　　) the students become.

[closer / excited / our / are / more]

☑☑☑ **2** 適切なものを選べ。

I have studied English for a long time, but I can speak (　　) for it.

① none the less better ② not the better
③ no more than better ④ none the better

☑☑☑ **3** 適切なものを選べ。

Which is (　　) of the two?

① one more expensive ② more expensive one
③ the more expensive ④ the most expensive

☑☑☑ **4** 適切なものを選べ。

You will have to choose (　　) the two hard tasks.

① the less of ② the lesser of ③ the less than ④ lesser than ⑤ less than

☑☑☑ **5** 適切なものを選べ。

If you start now, you will be back all (　　) sooner.

① as ② at ③ no ④ the

☑☑☑ **6** 適切なものを選べ。

He fell into the river but fortunately he's (　　) the worse for it.

① none ② any ③ all ④ much ⑤ less

解　答

1 closer, are, our, more, excited　　2 ④　　3 ③
4 ②　　5 ④　　6 ①

解　説

1 The closer we are to our trip to Boston, the more excited the students become.
[和訳]：ボストンへの私たちの旅が近付くにつれて、学生たちはより興奮してくる。
・一般に「旅というもの」→ traveling
・個人的な「旅」→ trip
※ trip は one's trip to ～という形で使用されることがほとんど。

2 選択肢の①は less と better という比較級が２つ連続になっているのでダメ。②は the ＋比較の否定は not ではなく none なのでダメ（重要ポイント❶(3)の※参照）。③は no more than が only の意味なので only better となり、意味が通じない。よって④が正解。
[和訳]：私は長い間英語を勉強してきたが、それが理由で話せるようになったわけではない。

3 重要ポイント❶の(1)より、of the two があるので比較級に the が付いたものが正解となる。
[和訳]：その二つのうち値段がより高いのはどちらですか?

4 空所直後に the two があり、the 比較級 of the two だとすぐわかる。問題は little の比較活用が二通りあること。「(量が)少ない」の比較級は less（これは数えられない名詞につく）、「小さい」の比較級は lesser（giant ではないほうの panda に使われている）。比較されているのは the two hard tasks「二つの困難な仕事」だから、②を選び「小さいほう＝軽いほう」という意味にする。また、tasks と複数形なので数えられる名詞として使用されており、less は使えない。
[和訳]：その二つの困難な仕事のうち、君は手に負えるほうを選ばなくてはならなくなる。

5 直前に all があるので the 比較級だとわかりやすい。all the sooner「その分だけ早く」の the は If you start now を指す指示語。all はなくてもよいものなので、いつもヒントにできるわけではない。all がなくても the の機能だけで解答できるようにすべきである。
[和訳]：今出発すれば、君はその分だけ早く戻れる。

6 直後に the 比較級があるので正解は①か③。the worse for it「その分だけ悪く」は He fell into the river を指しているので具体的には「川に落ちた分だけひどい状態に」ということ。but fortunately「でも、さいわい」でつないでいるから、否定文になる①が正解。
[和訳]：川には落ちたが、さいわい、彼の状態はその分だけひどくなってはいない。

応 用 問 題

☑☑☑ **1** 日本語に合うように ［　　　］内を並べ替えよ。

この薬を飲んでも少しも良くなっていないのだよ。

I am ［ for / none / better / this / taking / the ］ medicine.

☑☑☑ **2** 指定の語数で英訳せよ。ただし、与えられた語句の形と語順を変えずに用いること。

2人の男のうち、背の高いほうが先に出て行った。

［ taller / went out ］（9語）

☑☑☑ **3** 指定の語数で英訳せよ。ただし、与えられた語句の形を変えずに用いること。

年をとればとるほど、時間が経つのがはやくなる。

［ The older ］（9語）

☑☑☑ **4** 日本語に合うように ［　　　］内を並べ替えよ。

ビルは、父親が仕事で忙しいのでますます兄に頼るようになった。

Bill came to depend on ［ more / brother / was / his / all / his / the / because / father ］ busy with his job.

☑☑☑ **5** 日本語に合うように ［　　　］内を並べ替えよ。

この絵は見れば見るほど魅力的です。

The ［ it / look / the more / at / this picture, / looks / attractive / I / more ］.

☑☑☑ **6** 下線部のうち誤りのある部分を選び、訂正せよ。

One of the most important factors in <u>adjusting</u> to a new culture is the age at which the person goes abroad. <u>The more</u> years a person has spent in his own country, <u>harder</u> it is <u>to accept</u> new patterns of life.

解　答

1. none the better for taking this
2. The taller of the two men went out first.
3. 例1）The older you grow, the more quickly time passes.
   例2）The older you become, the faster time goes by.
   例3）The older you get, the faster your time passes.
   例4）The older you gets, the faster your time passes.
4. his brother all the more because his father was
5. more I look at this picture, the more attractive it looks
6. harder → the harder

解　説

1. none the 比較級 + for ～ ing の整序作文。本問でも「（この薬を）飲んだ分だけ」と、the の意味を意識しながら文を組み立てる。

2. The 比較級 of the two の条件作文。「2人の男のうち、背の高いほうが」で、The taller of the two men が went out「出て行った」の主語と決まる。「先に」は「最初に」と同じだから first でよい。

3. The 比較級 S + V ～ the 比較級 S + V … の条件作文。「年をとる」は grow old が一般的だが、get old でも become old でもよい。この old を The 比較級にしたのが書き出しに指定されている The older。誰にでも当てはまる内容なので、主語は "people in general including I"（自分も含めて一般的に人）を表す you とする。One はかなり固い表現なので避けたい。「時間がたつ」は time passes か time goes by。「はやく」は fast か quickly で、これを the 比較級に変える。fast なら the faster、quickly なら the more quickly。

4. all the 比較級 + because S + V の整序作文。日本語が与えられる場合、本問のように the「その分だけ」は訳出されないことが多い。「父親が忙しい分だけ」と頭の中で意味を補いながら作文するとよい。

5. The 比較級 S + V ～ the 比較級 S + V … の整序作文。前半は The more I look at this picture と迷わずまとめられよう。問題は後半。「魅力的です」は「（たくさん見た分だけ）それ（＝この絵）が魅力的に見える」ということだから、attractive「魅力的」の比較級 more attractive に the を付け、the more attractive it looks と構成。The taller がセット、the more attractive がセット、同じ考え方である。つまり、attractiver の代わりに more attractive になっているのだからそのセットは外さない。

6. 第2文書き出しに The more とあるので、harder が the harder でなくてはならない。
   和訳：不慣れな文化に適応するうえで最も重要な要素の1つは、その人が国外に出る年齢である。自国で過ごした年数が多くなるほど、不慣れな生活様式を受け入れるのは困難になるからだ。

14 注意すべき語順

so / as / too / how を見た瞬間に、「あ！形容詞＋a＋名詞だ！」と思えるようになるといいですね。そこに副詞の that もからんできます。しっかり学習しましょう。

【14】誤りを訂正せよ。

This is <u>too</u> traditional <u>approach</u> and <u>may</u> not <u>be attractive</u> to those scholars.

POINT ノート

| so |
| as |
| too |
| how |

＋<u>形容詞＋ a ＋名詞</u>

忙しい生活　　　　　→　a busy life
忙し すぎる 生活　　→　too busy a l i f e
　　　　　　　　　　　　　　形＋ a ＋名

⚠ 重要ポイント❶

so / as / too / how のうしろに "a" と形容詞と名詞を続けるときは「形容詞＋a＋名詞」の語順にする。「けあな」と覚える（形容詞の「け」、a の「あ」、名詞の「な」）。なお、この形で a の部分が the になることはなく、a か an であることに注意。

⚠ 重要ポイント❷

that に so の意味がある（I wasn't that hungry. など）。so の意味で that を使用している場合はその that も「けあな」のルールは適用される。

It's not that big a deal.　それはたいしたことではない。
　　　　　(so) 形＋ a ＋名

so / as / too / how を使った<u>形容詞 + a +名詞</u>になる簡単な例文を挙げておきます。

〈例文〉

・I have never been to so big a city before.

（以前にそんなに大きな都市に行ったことはない）

・He is not as good a cook as you.

（彼はあなたほど料理が上手くない）

・This is too good an opportunity to miss.

（これは逃せない絶好のチャンスだ）

・How big a problem this is!

（これはなんて大きな問題なんだ！）

今回の問題は、まず

approach が名詞として使用された場合、

「接近」の意味では数えられない名詞［U］

「やり方」の意味では数えられる名詞［C］

なので、今回は「伝統的すぎるやり方」の意味なので an が必要。「けあな」（けあんな）にしないといけないので approach の前に an をつけて **too traditional an approach** **とするのが正解**。

全体の訳は

「これは伝統的すぎるやり方でそれらの学者には魅力的ではないかもしれない」

となる。

練習問題

1 適切なものを選べ。

I have never experienced (　　　) joy.
① so a supreme 　② a such supreme
③ such supreme a 　④ so supreme a

2 適切なものを選べ。

Everything looks so good, everything works. But actually, no. These technologies really are not (　　　) easy.
① what 　② that 　③ much 　④ yet

3 下線部を和訳せよ。

He noted that for most people that heavy, there was no other treatment that worked.

4 適切なものを選べ。

Philosophy is not (　　　) as you imagine it is.
① so difficult subject 　② so a difficult subject
③ a so difficult subject 　④ so difficult a subject

5 適切なものを選べ。

He is (　　　) as any.
① such a great scholar 　② so great a scholar
③ as great a scholar 　④ as a great scholar

6 適切な語を入れよ。

トムはとても正直な少年だからうそなどつけない。
Tom is too (　　　) (　　　) boy to tell a lie.

解　答

① ④　　② ②
③ それほど（体重が）重い人々のほとんどにとって、他の機能する治療法はなかった
④ ④　　⑤ ③　　⑥ honest, a

解　説

① so supreme a joy「それほど最高の喜び」を経験したことはないとなるように「けあな」を完成させる。

② 重要ポイント❷より、so の意味になる that が正解。②が正解。
　和訳：すべてはよく見え、すべては機能している。が、実際にはそうではない。これらのテクノロジーは本当にそれほど簡単ではない。

③ 重要ポイント❷より so の意味になる that が出題されている。for most people that heavy の部分は for most people so heavy の意味で、so heavy（本文中では that heavy）が形容詞でうしろから前の most people にかかっている。解答は「それほど（体重が）重い人々のほとんどにとって、他の機能する治療法はなかった。」

④ すべての選択肢に so があるので、so +「けあな」になった④が正解。この so は not so 〜 as …「…ほど〜ない」の so で、元は as。as 〜 as …の前の as を so で代用できるのは否定文の場合のみ。
　和訳：心理学は君が想像しているほど難しい学科ではない。

⑤ as +「けあな」になった③が正解。肯定文なので as を so に代用することはできない。
　和訳：彼はどんな学者にも劣らぬほど立派な学者だ。

⑥ 「正直な少年」は an honest boy だが、too の後に置くと「けあな」の語順 honest a boy になる。

応用問題

1 **適切なものを選べ。**

Relax — it's (　　　) deal if we are five minutes late!
① a not that big　② not that a big
③ not that big a　④ that not a big

2 **[　　　] 内を並べ替えよ。**

It is impossible [to set / on / a / value / too / high] reading and writing.

3 **和訳せよ。**

It is seldom acknowledged how important a part sound plays in holidays.

解 答

1　③　　2　to set too high a value on

3　休暇においてどれほど重要な役割を音が果たしているかはめったに認められることはない。

解 説

1　**重要ポイント②**より that が so の意味で使用されているので「けあな」を用いて③が正解となる。
so big a deal の代わりに that big a deal が使用されている。
和訳：リラックスしな。もし私たちが5分遅れたとしてもそれほど問題ではない。

2　set a high value on 〜「〜に高い価値を置く」に too を組み込むと a high value が too high a
value の語順に変わる。
和訳：読み書きに高すぎる価値を置くわけにはいかない。

3　how のうしろに「けあな」（important a part）が続いている和訳問題。文頭の It は how 以下
を指す形式主語。sound が S で plays が V。

THEME
15 helpの語法

help はうしろの to が省略できるという点で、「並べ替え問題でよく出題される」語法です。イディオム暗記も含めて、しっかり整理してくださいね。

【15】適切なものを選べ。

Going over the main talking points can help the audience (　　　).

① to stay　② stay involving　③ stay involved　④ to stay to be involving

POINT ノート

$$
\text{help}
\begin{cases}
\text{(to) 原形} \\
\text{O} \quad + \begin{cases}
\text{(to) 原形} \\
\text{with} + 物
\end{cases}
\end{cases}
$$

！ 重要ポイント❶　help の基本の形

help のうしろに続く形は to 原形か、目的語を挟んでから to 原形、または目的語を挟んでから with + 物、となるが、to 原形の部分はどちらも to が省略できる（むしろ省略されることが多い）。

！ 重要ポイント❷　help のうしろに物がくる場合

help のうしろに物がくると help は「避ける」の意味となる。

　You cannot help it.

なら「それを避けることはできない」となる（ちなみに受動態にすれば It can't be helped.）。

　そして、cannot help 〜 ing という熟語は「〜 ing」は「物」と考えられるので「〜することを避けることはできない」が直訳で「〜せざるを得ない」となる。結果、次のイディオム 3 つは最終的には暗記する。

88

cannot help 〜 ing
= cannot but 原形〜 } 「〜せずにはいられない / 〜せざるを得ない」

- -

= cannot help but 原形〜 という混ざった形も使用される。（意味は同じ）

〈例文〉

・Could you help me with my math homework sometime today?

（今日いつか数学の宿題手伝ってくれない？）

・I couldn't help but notice your ring.

（あなたの指輪にどうしても目がいってしまって）

・I can't help feeling that there is something wrong.

（何かおかしいと思わずにはいられない）

今回の問題は、help のうしろに the audience という目的語があるので to 原形または原形となるので選択肢のどの形も可能ではある。しかし、involve は「〜を巻き込む」なので、「巻き込まれる」と受動の形にすべき。したがって**正解は③**となる。

全体の意味は

「中心テーマを話すことは聴衆を引き込むのに役立つ。」となる。

　※ go over 〜は「〜を話に持ち出す」の意味。

練習問題

1 適切なものを選べ。

I can't help (　　　) that we've made a big mistake.
① think　　② to think　　③ thinking
④ thought　　⑤ to thinking

2 適切な語句を [　　] から選んで入れよ。

The Prime Minister told the press that the government would (　　) (　　) for
(　　) (　　) (　　) (　　).
[find jobs / help / those / want to / who / work]

3 適切なものを選べ。

Seated by the dining room window, I (　　) notice that the most beautiful sun
was setting over the Indian Ocean. If only I had brought my camera.
① can help to　　② cannot help to
③ could help but　　④ couldn't help but

4 日本語に合うように [　　] 内を並べ替えよ。

我々は若者が国際的に競争するために必要とする技能を身につける手助けをしなければ
ならない。
We should [young people / need / the skills / help / to / acquire / they] compete
internationally.

5 不適切なものを選べ。

Let me help you (　　) the work.
① do　　② to do　　③ doing　　④ with

6 不適切なものを選べ。

I couldn't (　　) at such a sad movie.
① help crying　　② help but cry　　③ but cry　　④ help to crying

7 日本語に合うように語を入れよ。

「まあ、仕方ないよ。」
"Well, you can't (　　) (　　)."
="Well, it can't (　　) (　　)."

解　答

▉1▉　③　　▉2▉　help, find jobs, those, who, want to, work
▉3▉　④　　▉4▉　help young people acquire the skills they need to
▉5▉　③　　▉6▉　④　　▉7▉　help, it / be, helped

解　説

▉1▉　重要ポイント❷の熟語より、正解は③となる。
和訳：私たちが大きな間違いをしたと考えざるを得ない。

▉2▉　help find jobs for those who want to work が正解。help to find が本来だが、重要ポイント❶
より to が省略されている。
和訳：政府は働きたいと思っている人々に仕事を見つける手助けをすると首相はマスコミに伝えた。

▉3▉　重要ポイント❷の熟語より、正解は④となる。うしろに was（過去形）があるので can（現在形）
になっている①と②は除外。熟語として成立する④が正解。
和訳：ダイニングルームの窓のそばに座っていると、最も美しい太陽がインド洋に沈んでいくこと
に気づかずにはいられなかった。カメラを持ってきていればなあ。

▉4▉　help O（to）原形～の to が省略できることを利用して、
We should [help young people acquire the skills they need to] compete internationally.
が解答となる。people と acquire の間に to が省略されていると考える。

▉5▉　重要ポイント❶より、使用できないのは～ ing である。
和訳：あなたがその仕事をする手伝いをさせて下さい。

▉6▉　重要ポイント❷より、使用できないのは④。この形はない。
和訳：あんな悲しい映画には声を上げて泣かずにはいられなかった。

▉7▉　「仕方ない＝避けられない」で help を用いる。上の文は、下の文の it を help の目的語にして文
を完成する。下の文は目的語だった it が主語になっているので、help を受動態にして文を完成する。

応 用 問 題

☑☑☑ **1** 　**日本語に合うように〔　　　〕内を並べ替えよ。**

スーパーマーケットでのレジ袋の有料化は、家庭から出るごみの量の削減に役立つだろう。

Charging for [will / the amount / help / plastic bags / of / at / reduce / supermarkets] garbage from households.

☑☑☑ **2** 　**指定の語数で英訳せよ。ただし、与えられた語の形と語順を変えずに用いること。**

荷物、お持ちしましょう。

[Let / help / baggage]（7 語）

☑☑☑ **3** 　**指定の語数で英訳せよ。ただし、与えられた語の形と語順を変えずに用いること。**

ジョンがどうしても気の毒でならなかった。

[I / feeling]（7 語か 8 語）

解 答

1 plastic bags at supermarkets will help reduce the amount of
2 例1) Let me help you with your baggage.
　例2) Let me help you carry your baggage.
3 例1) I could not help feeling sorry for John.
　例2) または I couldn't help feeling sorry for John.

解 説

1 help (+ O + to +) 原形の整序作文。Charging for ～「～に料金を請求すること」に目的語 plastic bags「レジ袋」を続け、at the supermarkets「スーパーマーケットで」を組み合わせると、動名詞 Charging が作る長い主語が完成する。動詞は will help で「役立つ」とする。残りは、reduce the amount of ～「～の量を削減する」と組み合わせ、これを will help の直後に配置すれば完成である。

2 help + 人 + with + 物「人の物を手伝う（人が物を処理するのを手伝う）」の条件作文。baggage = luggage「荷物」は「運ぶ物」と考え、with の代わりに carry という原形動詞を用いてもよい。

3 cannot help ～ ing「～せずにいられない」の条件作文。「～を気の毒に思う」は feel sorry for ～。feeling ではなく feel の使用が指定されていた場合の解答パターンは以下の通り。
I couldn't help but feel sorry for John.（8語）
I could not but feel sorry for John.（8語）
I couldn't but feel sorry for John.（7語）

THEME 16 補語の位置にあるto 原形のto省略

　C（補語）の位置にある名詞的用法の to 原形は、どのようなときに省略できるのでしょうか？雰囲気で理解せず、「このときに省略できる！」としっかり理解しましょう。また、通訳・翻訳の勉強のテキストにもこのテーマは出てくるものです。本格的な英語の勉強ですね。

【16】並べ替えよ。

All [to / and / you / do / is / apologize / have] she will forgive you.

POINT ノート

$\underset{\text{S}}{\underline{\text{All}}}$ 〈you have to <u>do</u>〉 $\underset{\text{V}}{\underline{\text{is}}}$ $\underset{\text{C}}{(\text{ to })}$ study.

！ 重要ポイント❶　C の位置にある to 原形の to 省略

　補語（C）の位置にある to 原形の to は、その文の動詞より左側に do という単語があれば省略可。

直訳 あなたがしなければならないすべてのことは勉強することです。
　　→あなたは勉強しさえすればよい。
　　「さえ」と訳せることから only を使って以下のように書き換えることができる。
　　You only have to study.

！ 重要ポイント❷　書き換え公式

All S have to do is (to) 〜
= S only have to 〜
（あまりお勧めはしないが、受験では S have only to 〜の形も OK だということになっている。ネイティヴはこの形は好まない。）

今回の問題は、

All you have to do is apologize and she will forgive you.

が正解となり、is と apologize の間に to が省略されていると考える。

全体の意味は、

「あなたがしなければならないすべてのことは謝ることであり、そうすれば、彼女はあなたを許してくれる」

となる。

✓ ココもチェック

What she did last night was (to) study.
省略可

など、do / does / did があることによって、うしろの to を省略することができる。（All が出だしである必要はなし。）

ただし、All ～で始まるこのパターンが圧倒的に多いので、例文を掲載しておきますので慣れてください。会話でよく使用されます。

・All you have to do is check it online.
（ネットで確認すればいいでしょ）
・All you have to do is press the "Print on both sides" button.
（「両面印刷」のボタンを押せばいいだけだよ）
・All I have to do is nuke it.
（電子レンジで温めればいいんだな）

練習問題

□□□ **1** **同じ意味になるように適切な語を入れよ。**

All you have to do is tidy your room.

= You (　　　) have (　　　) tidy your room.

□□□ **2** **適切なものを選べ。**

All you have to do is (　　　) the dishes.

① washing　　② wash　　③ for washing　　④ to be washed

□□□ **3** **日本語に合うように [　　　] 内を並べ替えよ。**

あなたは勉強しさえすればいいんです。

All [have / to / you / is / do / study].

□□□ **4** **適切なものを選べ。**

"I'm worried about Anna. She's really been depressed lately. (　　　) in her room all day." "That sounds serious."

① All is she stay　　　② She does all is stay

③ All she does stay is　　④ All she does is stay

□□□ **5** **日本語に合うように [　　　] 内を並べ替えよ。**

彼にできることは助けを求めて叫ぶことだけだった。

All [for / do / was / help / he / to / could / cry].

解 答

▮ only, to ▮ ② ▮ you have to do is study
▮ ④ ▮ he could do was to cry for help

解 説

▮ 書き換え公式をそのまま使用し、only と to を入れる。
和訳：あなたがしなければならないすべてのことは部屋を片付けることです。

▮ All you have to do is (to) 原形「～しさえすればよい」の選択完成。to wash から to を省略した②が正解。to を残した書き方よりこちらのほうが出題されやすい。
和訳：あなたは皿洗いだけしておいて。

▮ All you have to do is (to) 原形「～しさえすればよい」の整序作文。並べ替えでも to を省略した英文のほうが出題率は上である。

▮ **重要ポイント❶**より does があるから to が省略できる。
和訳：「アンナが心配だ。最近ずっとひどく落ち込んでいて。一日中自室に閉じこもるばかりなんだ」
　　　　「それは深刻そうだね。」

▮ All you have to do is (to) 原形の変形パターンの整序作文。have to が could になっている。to cry の to は省略可能だが本問では省略されていない。to は必ず省略されると思い込み、誤った箇所に配置しないよう注意すること。

応用問題

☑☑☑ **1** 適切な語句を [　　　] から選んで入れよ。ただし、文頭にくるものも小文字で示してある。
また、**不要な語が1語含まれている。**

彼は福岡からできるだけ遠く離れたいだけだった。

(　　　　) (　　　　) (　　　　) to do was (　　　) (　　　) (　　　) from Fukuoka
as he possibly could.

[simply / far away / wanted / get / he / as / all]

☑☑☑ **2** **日本語に合うように [　　　] 内を並べ替えよ。ただし、文頭にくるものも小文字で示してある。**

手を組んでひざに置き、静かに座っているだけでよいのです。

[all / do / have / is / quietly / sit / to / with / you] your hands folded in your lap.

☑☑☑ **3** **指定の語数で英訳せよ。ただし、与えられた語句の形と語順を変えずに用いること。**

せいぜい彼女にできることは、彼の留守電にメッセージを残すことだった。

[The most / answering machine]（13 語か 14 語）

解　答

1　All, he, wanted, get, as, far away（不要な 1 語は simply）
2　All you have to do is sit quietly with
3　The most she could do was（to）leave a message on his answering machine.

解　説

1　All he wanted to do was get as far away from Fukuoka as he possibly could.
　が正解となり、was と get の間に to が省略されている。

2　All you have to do is（to）原形「〜しさえすればよい」の整序作文。やはり to sit quietly の to
　は省略されている。with は最後に配置して with your hands（O）folded in your lap（C）とすれば、
　付帯状況の with + O + C「O を C にして」が完成し、「手を組んでひざに置き」が表現できたこと
　になる。

3　All you have to do is（to）原形の変形パターンの条件作文。「せいぜい彼女にできることは…こ
　とだった」という日本語に同一の構造を認められれば、All を指定されている The most に、you
　have to do を she could do に変えるという方針が立つ。is を was にして、「彼の留守電にメッセー
　ジを残すこと」を to leave a message on his answering machine とまとめる。to を残せば 14 語、
　省略すれば 13 語で、どちらでも指定された語数通りになる。

17 almost系

まさか almost は「ほとんど」ではありません！ almost は「もう少しで」です。それが分かっていないと解けない長文問題がたくさんあります。青山学院大学の長文の問題でも almost 70% が「もう少しで 70%」、つまり 70 を超えていない、ということが理解できていないと解けない問題が出題されています。

【17】 適切なものを選べ。

(　　　　) students in our high school enjoyed the school festival held last Sunday.

① Almost ② Almost all ③ Every ④ Each

POINT ノート

⚠ 重要ポイント❶　almost は「もう少しで〜」

ほとんどの日本人 → ［×］almost Japanese

［○］almost all Japanese

almost は「もう少しで〜」という意味なので、almost Japanese と言ってしまうと「もう少しで日本人」という意味になってしまう。

正しい文にするには all を挟んで、almost all Japanese　とすれば「もう少しで全員の日本人」となり、意訳して「ほとんどの日本人」とできる。

以下の例文で almost が「もう少しで」の意味であることを確認。

They almost died.（彼らはもう少しで死にそうだった）←死んでいない。

※この場合は almost は nearly で代用することもできる。

⚠ 重要ポイント❷　「ほとんどの〜」は４通りの言い方

「ほとんどの〜」「〜のほとんど」は４通りの言い方があるので受験では下記の４通りをしっかり暗記しておくこと。

(1) most 〜　　(2) most of the 〜　　(3) almost all (the) 〜　　(4) almost all of the 〜

今回の問題は**重要ポイント❷**より、**②が正解**。

青山学院大学の長文の問題で、

almost を「もう少しで」と覚えておけば一発で解ける問題がありますのでご紹介します。

2017 青山学院大学

Ask parents of teenagers in the U.S.A. what they're worried about, and among the issues they're likely to bring up is their teens not getting enough sleep. So many teens stay up past midnight and get up early, especially when their school starts, in some cases, well before 8:00 a.m. A new study, released in 2016, finds that that pattern is not only dangerous — it could be deadly.

The study by the Centers for Disease Control and Prevention (CDC) found that teens who get less than seven hours of sleep on school nights were more likely to engage in risky behaviors — such as emailing and driving, drinking and driving, riding with a driver who was drinking, and failing to wear a seat belt in a car or a helmet while on a bicycle — than teens who sleep nine hours a night. "It was rather surprising to find such an effect of short sleep time on these injury-related behaviors, which suggests that sleep loss may play an important role in poor judgment and decision-making among teenagers," said Janet Croft, chief of the disease control branch of the Centers for Disease Control and Prevention and one of the co-authors of the study.

This current CDC report, which analyzed responses to questions from more than 50,000 high school students in 2009, 2011, and 2013, is just the latest research to document how worrying a lack of sleep for teens can be. Back in 2011, the CDC found that insufficient sleep for teens, which was described as less than eight hours on average a night, was associated with not getting enough exercise, feeling sad or hopeless, and seriously considering suicide. Almost 70% of teens were not getting enough sleep, the CDC found. Doctors around the country grew so concerned about the effect of a lack of sleep on teens, including the connection with weight gain, depression and traffic accidents, that the American Academy of Child Medicine issued a policy statement in 2014 recommending that schools start no earlier than 8:30 a.m. so that teens can get the recommended 8.5 to 9.5 hours of sleep a night. But last year, in 2015, researchers from the CDC and the U.S. Department of Education found that, based on data from the 2011-2012 school year, only 18% of the schools studied started classes at the recommended time of 8:30 a.m. or later, while more than 80% started earlier. Students in Louisiana were found to go to school the earliest with an average start time of 7:40 a.m.

Almost 70% **of teens were not getting enough sleep...**

…文章はまだ続きますが、このあたりでカットしますね。

そして、下記のような問題が出題されています。

〈設問〉In 2011, the CDC found that (　　　) of students were not getting the recommended amount of sleep.

① less than 70%　　② more than 80%

③ exactly 40%　　④ more than 70%

はい、答えは絶対に①ですよね。

本文中（3段落目、第3文）に Almost 70% って書いてあります。「もう少しで 70%」です。ということは、68% ぐらいですよね。そしたら、答えは①の「70% より少ない」ですね。

ここでは問題の解き方（考え方）を示す長文をご紹介しましたので、あえて全訳は載せません。

練 習 問 題

☑☑☑ **1** 設問に答えよ。

… of Medicine. Researchers reviewed the records of **nearly** 475,000 U.S. patients who had undergone one of eight high-risk operations, such as heart procedures or surgery for lung or pancreatic cancer.

設問：For underlined word, give one other English word with a similar meaning that could be used instead.

☑☑☑ **2** 下線部の誤りを訂正せよ。

… of tumors that had riddled **almost bones** of the man's body.

☑☑☑ **3** 適切なものを選べ。

The bus was so late reaching the station that I (　　　) missed the train.
①　almost　　②　already　　③　soon　　④　hardly

☑☑☑ **4** 適切なものを選べ。

The car (　　　) hit the man standing at the corner.
①　nearly　　②　near　　③　close　　④　closely

☑☑☑ **5** 適切なものを選べ。

Poetry was everything to him.　He had seen (　　　) nothing of actual life.
①　next to　　②　all to　　③　almost of　　④　scarcely

解　答

1 almost　　2 almost → most　　3 ①　　4 ①　　5 ①

解　説

1 nearly 475,000 は「もう少しで 475,000」ということで「ほとんど 475,000」と意訳されるが、**重要ポイント❶**の※より almost が正解となる。

2 「もう少しで骨」ではおかしいので almost を most に変える。

3 ① almost が正解。almost + 動詞は「もう少しで〜しそうになる」と肯定で訳すが、"実現に至っていない" という否定的な内容をつかむことが重要。② already「すでに」、③ soon「すぐに」、④ hardly「ほとんど〜ない」では文意が成り立たない。

和訳：バスがなかなか駅に着かなかったため私はもう少しで電車に乗り遅れそうになった。

4 ① nearly が正解。nearly は almost とほぼ同じ意味を持ち、動詞を修飾する場合は「もう少しで〜しそうになる」と訳す。② near と③ close の副詞用法は「（距離的・時間的に）近く」。④ closely は「密接に；念入りに」。

和訳：その車は角に立っている男性をもう少しではねそうになった。

5 ① next to が正解。③ almost of は「もう少しで of」で意味不明。④ scarcely「ほとんど〜ない」を使うなら直後は any French としなくてはならない。next to 〜「〜の隣に、次に」は否定語の前に用いると「ほとんど」と訳され、almost の代用になる。

例）Housing is the principal problem next to population.（≠ almost）
「住宅問題は人口問題に次ぐ大きな問題である」
Finishing it by noon is next to impossible.（= almost）
「正午までにそれを仕上げるのはほぼ不可能だ」

和訳：彼には詩がすべてだった。実生活のことはほとんど何も彼の眼中にはなかった。

応用問題

1 **日本語に合うように [   ] 内を並べ替えよ。ただし不要な語が1語含まれている。**

それを実行することはほとんど不可能だとわかった。

We [all / but / do / found / impossible / it / nothing / so / to].

2 **不適切なものを選べ。**

(   ) of the passengers on the bus were tourists.

① All but a few   ② Almost   ③ Almost all

④ Most   ⑤ The majority

3 **指定の語数で英訳せよ。ただし、与えられた語の形と語順を変えずに用いること。**

電車に傘を忘れるところだった。

[I / left] (8語)

解 答

1　found it all but impossible to do so（不要な 1 語は nothing）

2　②

3　I almost left my umbrella in the train.
　または I nearly left the umbrella on the train.

解 説

1　まず、find it impossible to 原形「～するのは不可能だとわかる」で全体を構成すると、(We) found it impossible to do so が整う。残った all / but / nothing のうち 2 つを使って「ほとんど」を作り、impossible の前に配置すれば文が完成する。all but は almost の代用、nothing but は only の代用ということで、不要な 1 語は nothing と決まる。

例）These batteries are all but dead.（＝ almost）
　　「この電池はほとんど切れている」
　　His colleague is nothing but a yes-man.（＝ only）
　　「彼の同僚はごますり男にすぎない」

2　②を選ぶと「もう少しで of」となり、意味不明なので不適切となり正解。

和訳：①そのバスの乗客は数人を除いた全員が旅行者だった。
　　　③そのバスの乗客はほぼ全員が旅行者だった。
　　　④そのバスの乗客はほとんどが旅行者だった。
　　　⑤そのバスの乗客は大半が旅行者だった。

3　「～するところだった＝もう少しで～しそうになった」と分析し、almost ＋動詞、または nearly ＋動詞で書こうと方針を立てる。「電車に傘を忘れる」は「場所にモノを置き去りにする」なので、left の使用が指示されていなくても動詞は leave が適切と判断できるようにしたい。日本語につられて forget を使うと、「あれ、カサってなんだっけ…」という記憶喪失になってしまう。「電車に」は in the train か on the train。「傘」は状況的に特定化するのがふさわしいので the umbrella か my umbrella とする。

18 ～するとすぐに…

まずは 10 個！この 10 個を覚えないと「お話が始まりません」！ the が付いたものが 3 つ、-ly が付いたものが 3 つ、整理しながらまずは 10 個、しっかり暗記してください。スタートはそこからです。

【18】適切なものを選べ。

(　　　) had he seen me than he hid behind the door.

① No sooner　　② No longer　　③ Any sooner　　④ Any longerh

POINT ノート

⚠ 重要ポイント❶ 「～するとすぐに…」を表す英語は 10 個暗記

(1) as soon as SV ～

(2) the moment SV ～

(3) the minute SV ～

(4) the instant SV ～

(5) immediately SV ～

(6) directly SV ～

(7) instantly SV ～

(8) no sooner ～ than …

(9) hardly [scarcely] ～ when [before] …

(10) on ～ ing

⚠ 重要ポイント❷ (8)(9)を使用するときは had+pp と共に

no sooner ～ than …と hardly [scarcely] ～ when [before] …は had + pp と共に使用する。

He had hardly arrived there when the phone rang.

(彼がそこに到着するとすぐに電話が鳴った)

なお、この文の no sooner / hardly / scarcely を文頭へ移動すると（それぞれが文法上否定の副詞なので）うしろは疑問文の語順になる。

Hardly had he arrived there when the phone rang.

今回の問題は、than も確認できるので、①が**正解**となる。

全体の訳は
「彼は私を見るとすぐにドアのうしろに隠れた」
となる。

さて、今回、「〜するとすぐに…」を 10 個紹介しましたが、やっぱり、as has been expected（←「やっぱり」の英語です）、as soon as が最もよく使用されます。ダントツで。しかも、as soon as SV 〜の形よりもさらに as soon as possible（できるだけ早く）の形がダントツで使用されます。ASAP と略されて使用されているぐらいですから。

仕事現場でも、
Please contact him and let him know we need the INVOICE as soon as possible.
（彼に連絡をとってできるだけ早く請求書が必要なことを知らせてください）
のように使用されます。invoice は「請求書」の意味です。

練習問題

1 適切なものを選べ。

(　　) lay its eggs on the beach than it goes back into the sea.

① No sooner a turtle does　　② A turtle no sooner does

③ Does no sooner a turtle　　④ No sooner does a turtle

2 [　　] 内を並べ替えよ。

彼が帰りましたら、すぐに電話をさせます。

[the / back / have / he / I'll / you / moment / gets / call / him].

3 同じ意味になるように空所を埋めよ。

As soon as he left university, he got married.

= Scarcely (　　　　) (　　　　) left university (　　　　) he got married.

4 [　　] 内を並べ替えよ。

Hardly [sat / when / he / had / down] the phone started to ring.

5 不適切なものを選べ。

(　　) the play was over, we went to get something to eat.

① The moment　　② The minute　　③ The time　　④ As soon as

6 適切なものを選べ。

As soon as he saw a police officer, he tried to run away.

= (　　) seeing a police officer, he tried to run away.

① At　　② In　　③ On　　④ With

7 適切なものを選べ

(　　) to somebody, a British person may shake hands.

① By introduction　　② In introducing

② On being introduced　　④ During being introduced

解 答

1 ④ 2 I'll have him call you the moment he gets back
3 had, he, when [または before] 4 had he sat down when
5 ③ 6 ③ 7 ③

解 説

1 構文通りに解答すれば、先頭に no sooner が出ていてうしろが疑問文の語順になっている④が正解となる。
和訳：亀はビーチに卵を産むとすぐに海に戻っていった。

2 **重要ポイント❶**の(2)にある the moment SV 〜の形を使い、I'll have him call you the moment he gets back. と作ればよい。

3 As soon as から Scarcely 〜 when または Scarcely 〜 before に書き換えさせる問題。下の文で Scarcely が文頭に配置されているので、続きは倒置になる。上の文で過去形だった left を過去完了形 had left に変えたうえで疑問文の語順にしなくてはならない。
和訳：彼は大学を出てすぐに結婚した。

4 文頭に否定副詞 Hardly が出ているので続きを疑問文の語順に整え、the phone started to ring という S+V の直前に when を配置する。
和訳：彼が腰かけるとすぐに電話が鳴りだした。

5 As soon as を The + 名詞で言い換えるパターンに The time はない。
和訳：試合が終わるとすぐに私たちは食べ物を取りに行った。

6 As soon as S+V を On 〜 ing で言い換える問題。
和訳：警官を見るとすぐに彼は逃げ去ろうとした。

7 前置詞 + 動名詞の選択問題。① By は手段「〜することによって」は文意が成り立たない。④ During は特定期間を表す前置詞で、During 〜 ing という書き方がない。② In は時・期間「〜するとき、〜する間」と③ On は同時「〜するとすぐに」で、どちらも文意が成立しうる。解答の決め手は空所の後に to somebody があること。introduce A to B が基本なので、A がないため、受動態の③が正解である。
和訳：誰かに紹介されるとすぐに英国人は握手をするかもしれない。

応 用 問 題

☑☑☑ **1** 同じ意味になるように空所を埋めよ。

The (i   ) she received the information, she started investigating the incident.

= She started looking (i   ) the incident in receiving the information.

☑☑☑ **2** [   ] 内を並べ替えよ。

No [had / handed / in / it / she / sooner / than] she set out.

☑☑☑ **3** 日本語に合うように[   ]内を並べ替えたとき不要となる1語を選べ。ただし、文頭にくるものも小文字で示してある。

彼は家に帰るとすぐ寝た。

[bed / getting / he / home, / on / the / to / went].

解　答

① instant, into　② sooner had she handed it in than
③ the（On getting home, he went to bed.）

解　説

① i で始まる単語で接続詞となれるもの、そして意味が通るものは instant である。また、investigate（調査する）が look into に書き換えられるのは基本中の基本なので、後半の解答は into となる。instant と into が正解。
和訳: その情報を受け取るとすぐに彼女はその出来事を調査し始めた。

② No sooner ～ than の整序作文。No が書き出しに与えられているので過去完了形を疑問文の語順に整える。hand in「提出する」は他動詞 hand で目的語をとる表現で、目的語が代名詞 it なら必ず hand it in の語順にする。
和訳: 彼女はそれを提出するとすぐに出発した。

③ On ～ ing の整序作文。物・場所としての「寝床」なら the bed だが、「睡眠（sleep）」という抽象名詞として使う場合、bed は無冠詞にする。よって the が不要な 1 語となる。（cf. She went to the bed to search for her lost earring.「彼女はなくしたイアリングを探しにベッドの所に行った」）

19 特に注意すべき助動詞

　助動詞を知らないで英語が読めるわけもないし書けるわけもないし聞けるわけも
ないし話せるわけもありません。とにかく重要な助動詞！1つ1つ正確に！

【19】 適切なものを選べ。

He（　　　）there yesterday, but we didn't see him.

① might be　　② must be　　③ must have　　④ might have been

POINT ノート

⚠ 重要ポイント❶　助動詞の基本

can　　　　(1) できる　　［→ be able to］

　　　　　　(2) ありえる：否 cannot（ありえない→）はずがない

must　　　　(1) しなければならない　［→ have to］

　　　　　　(2) ちがいない　　　　　　［→ have to］

※ must の(2)の意味「ちがいない」の反対語は cannot（はずがない）。

may　　　　(1) してもよい

　　　　　　(2) かもしれない

※ might も「かもしれない」と訳されて現在の意味であることに注意（違いは%）。

　　　　　　He may come.　　（50%）　　　彼は来るかもしれない

　　　　　　He might come.　（20%〜30%）　彼は来るかもしれない

should　　　(1) すべき　　［→ ought to］

　　　　　　(2) はず　　　［→ ought to］

⚠ 重要ポイント❷　助動詞＋ have ＋ pp

It may have rained yesterday.（昨日雨が降ったかもしれない）

助動詞のうしろに have + pp が続いていると、その have + pp の部分を「昔」で訳す。ただし以下のイディオムは暗記。

〈イディオム〉
should have + pp 〜　　①〜すべきだったのに
　　　　　　　　　　　　②〜しているはずだ
need not have + pp 〜：〜する必要はなかったのに

今回の問題は、

He （　　　） there yesterday, but we didn't see him.
彼は昨日そこに （　　　）。しかし私たちは彼を見ていない。

となるので、「昨日そこにいたかもしれない」と過去の意味にしなければならない。
POINT ノート内の**重要ポイント❷**より助動詞のうしろに have + pp が続いている④
が**正解**となる。

☑ ココもチェック

shall について
　should はもともとは shall の過去形なのですが、shall はカタイ表現で、現代英語では Shall we 〜？（〜しましょう）や Shall I 〜？（私が〜しましょうか？）という提案する決まり文句で登場するのみです。特にアメリカではその傾向が強いです。イギリスでは少し will の代わりに shall をわざと使用して「かしこまった」イメージを相手に与える場合があります。
　また、下記のような憲法や法律の文書ではよく目にします。
日本国憲法第 1 条
The Emperor shall be the symbol of the State and of the unity of the people.
（天皇は日本国の象徴であり日本国民統合の象徴である）

練習問題

1 下線部のうち誤りのある部分を選び、訂正せよ。

The extent **to which** the problem **lies** in **either** lifestyles or heredity **cannot proved**.

2 適切なものを選べ。

I'm sorry, but you'll have to pay a fine. You (　　　　) those books back to the library last week.

① had better bring　　② had better not bring　　③ ought to bring

④ ought to be bringing　　⑤ ought to have brought

3 適切なものを選べ。

Mr. Smith next door went to elementary school with my mother, so he (　　　　) well over 50 now.

① hadn't better　　② could have been　　③ ought not　　④ must be

4 2つの文がほぼ同じ意味になるように（　　　　）を埋めよ。

He must know the fact that she was killed.

= He (　　　　) be ignorant of the fact that she was killed.

5 適切なものを選べ。

Susan (　　　　) a wonderful time at that party last night.

① ought to have　　② must have　　③ must have had　　④ might have

6 適切なものを選べ。

"You can't have finished your work so quickly." said Lisa.

"Oh yes, I (　　　　). Look!" Ben showed his notebook to his mother.

① can　　② do　　③ will　　④ did

7 適切なものを選べ。

The taxi (　　　　) arrive at nine, but it didn't turn up.

① was to　　② ought to　　③ should　　④ might

8 適切なものを選べ。

Yesterday a friend of mine met an accident and I (　　　　) him to a hospital.

① should take　　② had to take　　③ must have taken　　④ must take

解 答

1 cannot proved → cannot be proved　　　**2** ⑤　　**3** ④

4 cannot [または can't]　　**5** ③　　**6** ④　　**7** ①　　**8** ②

解 説

1 cannot という助動詞のうしろに過去形（または過去分詞形）が続くわけがないので、意味も考えて、cannot be proved と受動態にする。

和訳：その問題が生活習慣にあるのか遺伝にあるのかの程度は証明されることはできない。

2 「残念ですがあなたは罰金を支払わなければいけません。」に続く文として、「先週図書館にそれらの本を返すべきだったのに。」という流れがふさわしいので should have brought が選択肢にあれば正解だが、ないので should を ought to に変えた ought to have + pp が正解。⑤が正解となる。

3 「となりのスミスさんは私の母と（同じ）小学校に行っていたので 50 歳は十分に越えているにちがいない」となるはずなので④が正解となる。

4 空所直後の be ignorant of が know の反意表現であることから must の反対の意味の助動詞を入れ同意文を完成する。

和訳：彼は彼女が殺されたという事実を知っているにちがいない。
　　＝彼は彼女が殺されたという事実を知らないはずがない。

5 文末に last night があるので意味も含めて考え、③が正解。

和訳：スーザンは昨夜パーティーで素晴らしい時間を過ごしたにちがいない。

6 can't have finished「終えたはずがない」という母親の決めつけに対し、息子が yes, I（　　　）で「終えた」と反発するやり取りを読み取る。英語の yes と no は動詞部分にのみ反応する。Don't you like apples? と聞かれて Yes と答えれば like に反応して「好き」という意味である。

和訳：「あんたの勉強がこんなに早く終わったはずがない」とリサが言うと、「終わったって、ほら」と、ベンは母親にノートを見せた。

7 but 以下に didn't とあるので空所も「過去」を表せる書き方にする。空所直後の原形 arrive と組み合わせると②、③、④はいずれも「現在」を表すが、①なら be to の過去形で be to 不定詞（→テーマ 12）となる。よって①が正解である。

和訳：タクシーは 9 時に到着することになっていたが、現れなかった。

8 意味全体を考えれば had to（〜しなければならなかった）でうまくいく。

和訳：昨日、友達が事故に遭い、私はその友達を病院に連れて行かなければならなかった。

応 用 問 題

☑☑☑ **1** **英訳せよ。**

彼はもっと早く医者に診てもらうべきだった。

☑☑☑ **2** **指定の語数で英訳せよ。ただし、与えられた語の形を変えずに用いること。**

もっと早く出発すればよかった。

[should]（5語）

☑☑☑ **3** **指定の語数で英訳せよ。ただし、与えられた語の形と語順を変えずに用いること。**

彼はちがう道を通って家に帰ったかもしれない。

[may / home / way]（8語）

☑☑☑ **4** **適切なものを選べ。**

You (　　　) that car with the brakes out of order. You might have had a serious accident.

① can drive　　　② must drive　　③ shouldn't have driven

④ will be able to drive　　⑤ would have driven

☑☑☑ **5** **適切なものを選べ。**

At the close of the day we should think over what we have done and what we (　　　) by that time.

① may do　　② might do　　③ ought to have done　　④ will have done

☑☑☑ **6** **下線部のうち誤りのある部分を選べ。**

Because the hospital is very old and can　① no longer serve the　② needs of the community, a new hospital ③ should be built years ④ ago.

解　答

1. 例1）He should have seen a doctor sooner.
   例2）He should have had a doctor examine him earlier.
2. 例1）I [We / You] should have started earlier.
   例2）I [We / You] should have left sooner.
3. He may have gone [come] home by another way.
4. ③　　5. ③　　6. ③ (→ should have been built)

解　説

1. 「医者に診てもらう」は see [consult] a doctor か go to a doctor が一般的だが、使役動詞を使って have a doctor examine としてもよい。「もっと早く」は sooner か earlier。医者に診てもらうのが遅れたことを悔やむ内容なので should have p.p. か ought to have p.p. でまとめる。

2. 「出発する」は start か leave が無難。「もっと早く」は sooner か earlier。出発が遅れたことを悔やむ内容なので should have p.p. でまとめる。ought to have p.p. だと指定の語数 5 語で収まらなくなる。日本語で省かれている主語は話し手を表す I が最も自然だが、We / You のいずれかにしてもよい。

3. 「家に帰ったかもしれない」となっているので He may have come home や He may have gone home とする。「ちがう道を通って」の「通って」には経路を表す前置詞 by を用いる。by a different way とすると指定語数の 8 語で収まらなくなるので by another way とする。

4. うしろの文の内容から考えて、重要ポイント❷より正解は③。
   和訳：君はブレーキが故障している車を運転なんてすべきではなかったんだ。大事故に遭っていたかもしれない。

5. what we have done and what we (　　　) by that time で「そのときまでにやったこととすべきだったこと」となるように③を選ぶ。
   和訳：一日の終わりには、その時までに済ませたこととすべきだったことを点検すべきだ。

6. ③が should + 原形で「現在」を表す書き方なのに対し④の ago は必ず「過去」を表すので、どちらかが誤りである。Because 以下の節は「現在」だが、文意をとると主節は「過去」がふさわしいので、③は should の後が正しくは完了形となるはずである。
   和訳：その病院はとても古く地域の必要をもう満たすことができないのだから、新しい病院が何年か前に建設されているべきだったのだ。

動詞＋O＋前置詞 the 身体の一部

盲点、と感じるかもしれませんが、出題率は高いです。小説でもよく出てくる表現です。しっかりマスターしましょう。前置詞がどれになるか、がよく出題されます。

【20】適切なものを選べ。
Steve took Mary (　　) the arm and led her across the street.
① to　　② from　　③ by　　④ at　　⑤ in

POINT ノート

「ある人がある人の身体の一部に対して何かをした」という状況を英語にするときは以下の2通りの言い方がある。

彼が私の頭をなぐった
(1) He hit my head.
(2) He hit me on the head.

重要ポイント❶

上記の(2)の例文が重要。まずは「誰をなぐったのか」を目的語の位置で示し、その後、「前置詞＋ the ＋身体の一部」という語順で「その身体のどの部分なのか」をあとから示すタイプの構文。

He seized his mother by the hand.
He looked me in the eye.
などのように使用される。
※前置詞の使い分けは、動詞部分によって変わり、
「なぐる」系　→ on
「とる・ひっぱる・つかむ」系　→ by
「見る」系　→ in
となる。
なお、「お腹をなぐる」と言うときだけはお腹に「めり込む」イメージがあるためin が使用される。

! 重要ポイント❷

この構文では必ず「前置詞 the 身体の一部」となり、the の部分が所有格になることはない。

（例えば下記の文では me と my がダブってしまい、しつこくなるため。）

[×] He hit me on my head.

[○] He hit me on the head.

今回の問題は、

　Steve took Mary（　　　）the arm …

とあるので、「スティーブがメアリーの腕をつかんだ」という意味になるが、

POINT ノート内の**重要ポイント❶**の前置詞「とる・ひっぱる・つかむ」系になるので前置詞は by を使用することになる。よって、③が**正解**となる。

全体の意味は、

「スティーブがメアリーの腕をつかみ、道を渡って連れて行った」

となる。

☑ ココもチェック

　このパターンでよく出てくる動詞として、seize があります。seize は「強くつかむ」という意味で、

He seized his mother by the hand.

（彼はお母さんの手を強くつかんだ）

のような例文で使用されるのですが、

　Seize the day!

　（その日を強くつかめ⇒）その日を充実させろ

という表現でも有名です。

練習問題

1 適切なものを選べ。

He tapped me（　　　）the shoulder.

① onto　　② in　　③ on　　④ for

2 適切なものを選べ。

He isn't afraid to look you（　　　）the eye and tell you you're wrong.

① in　　② for　　③ at　　④ by

3 適切なものを選べ。

警察官が私の腕をつかんだ。

A policeman caught me（　　　）arm.

① with my　　② by the　　③ by my　　④ with the

4 適切なものを選べ。

I patted the boy（　　　）.

① on the shoulder　　② on shoulder

② with the shoulder　　④ with shoulder

5 適切なものを選べ。

Matty, my colleague, is very shy. She can't look（　　　）.

① me my eye　　② at me in my eyes

③ at me in eyes　　④ me in the eye

解 答

■ ③　■ ①　■ ②　■ ①　■ ④

解 説

■　tap は「軽くたたく」の意味なので「彼は私の肩を軽くたたいた」としたい。動詞部分が「なぐる」系なので、正解は③となる。

■　「見る」系の動詞になっているので正解は①の in となる。
　和訳：彼はあなたの目を見ることを怖がらずあなたが悪いということを伝える人だ。

■　「つかむ」系動詞 catch の過去形に着目し、by the 身体の一部を完成させる。

■　「なぐる」系動詞 pat の過去形に着目し、on the 身体の一部を完成させる。
　和訳：私はその少年の肩をたたいた。

■　look + 人全体 + in + the 身体の一部 の選択完成。この構文では look が他動詞で look at とならないことに要注意。
　和訳：同僚のマティはとても内気です。私の目を見ることもできません。

応 用 問 題

☑☑☑ **1** **適切なものを選べ。**

This trouble isn't going to go away by itself. You are going to take the bull by the
(   ) and settle your differences by peaceful means.

① push   ② horns   ③ reins   ④ scolding

☑☑☑ **2** **日本語に合うように [   ] 内を並べ替えよ。**

通りを歩いていると、誰かにそっと肩をたたかれた。

As I walked along the street, I felt [me / on / pat / somebody / the] shoulder.

☑☑☑ **3** **日本語に合うように [   ] 内を並べ替えよ。ただし、不要な語が 1 語含まれている。**

トムはメアリーの顔をじっと見た。

Tom [in / at / the / looked / Mary] face.

解 答

1 ②　2 somebody pat me on the　3 looked Mary in the（不要な1語は at）

解 説

1 take the bull by the …の部分が take（取る）、the bull（牛）、のあとに by the …とつながっているので、今回のパターンにはめて、by the のうしろには「牛の身体の一部」がくる、と考えられる。従って、horns（角）が正解。ちなみに take the bull by the horns の直訳は「牛の角をつかむ」で「勇敢に立ち向かう」の意味。

和訳：このトラブルはひとりでになくなることはない。勇敢に立ち向かい、平和的な手段によって違いを解決すべきだ。

2 pat + 人 + on + the 身体の一部の整序作文。

3 look + 人全体 + in + 身体の一部 の整序作文。不要な1語として at を選ばせる問題。

21 等位接続詞

　and/but/or は同じ形の繰り返し。これらは等位接続詞と呼ばれる。等位接続詞の前後には同じ形の表現がくる。例えば「〜 ing ＋ and ＋〜 ing」や、「to 不定詞＋ or ＋ to 不定詞」のように。「*to 不定詞＋ and ＋〜 ing」のようにアンバランスな感じで並ぶことはないので注意！

【21】適切なものを選べ。

George claims that media should confirm the fact and (　　　　).

① report it accurately　　　② the report it accurately

③ to report it accurately　　④ reporting it accurately

POINT ノート

(1) He told me to come and eat it.（彼は私に来てそれを食べるように言った）

(2) He told me to come and ate it.（彼は私に来るように言い、そしてそれを食べた）

※等位接続詞は同じ形の表現を結ぶ

！ 重要ポイント❶　等位接続詞が何と何を結んでいるのかをみつける

　上の二つの文は、ほとんど同じ単語が並んでいて、同じような意味の文に見えるが実は意味は大きく異なる。(1)の and が結んでいるのは、to 不定詞の中の動詞の原形 come と eat であり、(2)の and が結んでいるのは主語(S) He の動詞(V)の told (tell の過去形)と ate (eat の過去形)である。つまり(1)の文で、それ(it)を食べるのは「私」であり、(2)の文では食べたのは「彼」となる。

！ 重要ポイント❷　and/but/or が何と何を結ぶかをみつけるには語彙力も必要

　等位接続詞は２つ以上の名詞や動詞だけではなく、副詞や形容詞などあらゆる品詞、句や節などを前後に等しく結ぶが、それが何と何を結んでいるかをみつけるには高い語彙力が求められる場合もある。例えば

There has been a debate about the benefits of technology and as to the drawbacks of it.

　この文中の and が結んでいるのは、前後にある「前置詞句」（※前置詞＋名詞の
まとまり）であると気づくには、as to = about（～について）ということを知らな
ければならない。
　つまり、ここでは and が about the benefits of technology と as to the drawbacks
of it を等しく結んでいるのである。

　今回の問題は、George claims that…から始まることから、and は that 節内の要
素を２つ以上等しく結ぶという構造に気がつきたいが、上記 POINT ノート内の重要
ポイント❷にあるように、語彙力も必要になってくる。まず、report という語は名
詞にも動詞にもなるということを知っておかなければならない。この問題を解答中、
それを知っている前提があってこそはじめて、「選択肢にある report はどちらの品
詞として用いられるのが正しいのだろうか」という疑問に至ることができる。

　confirm は「（～が正しいか）を確認する」という意味の動詞であり、the fact は名
詞として confirm の目的語となっている。and のあとに続く report がもし「報告」と
いう意味の名詞だとすると、その直後にある代名詞 it が余ってしまう。なので、and
が the fact と the report の名詞を前後でくくっていることになりそうな、②は不正解。

　and は前後の同じ形のものを等しく結ぶことを考えると to 不定詞の③や
reporting の④は、and の前に同等のものがないのでアンバランス。

　ここでは代名詞 it が目的語となり、その前の report は動詞の原形として、前の
confirm と同様に助動詞 should を受けていると考えるのが自然である。
　従って、①の report it accurately が正解となる。

　全体の意味は、
「メディアは事実の確認をしてから正確にそれを報道すべきだとジョージは主張している」
となる。

練習問題

1 適切なものを選べ。

The center has been promoting public health and (　　).
① safe　② save　③ safely　④ safety

2 誤りのある箇所を選べ。

On New Year's Day, Many Japanese ① watch special programs ② on TV, ③ visiting shrines, and relax ④ at home.

3 適切なものを選べ。

The aging process (　　) in different organs within a particular individual.
① and in widely different individuals varies in
② different individuals and in widely varies
③ in widely different and individuals varies
④ varies widely in different individuals and
⑤ widely different and varies in individuals

4 適切なものを選べ。

If you want to read English quickly, it matters not what you read, (　　) how.
① also　② no matter　③ while　④ but

5 適切なものを選べ。

The multiparty system may flourish in Europe, Israel, Asia and Latin America, (　　) in the US.
① but also　② and unless　③ except that　④ but not

6 適切なものを選べ。

He has no interest in sports, no hobbies (　　) pastimes other than his job.
① and　② of　③ but　④ or

解 答

◩ ④   ② ③（→ visit）   ③ ④   ④ ④   ⑤ ④   ⑥ ④

解 説

◩ and 直前の health が名詞なので空所にも名詞を入れる。まず、選択肢のうち副詞用法しかない③ safely はすぐに脱落。① safe の名詞用法「金庫」と、② save の名詞用法「相手の得点阻止、救援投手の成功ポイント」は意味で脱落。正解は④ safety「安全」。訳すなら public health and (public) safety と省略を復元し、「公共の健康＝公衆衛生」と「公共の安全＝治安」とまとめる。
和訳：そのセンターは公衆衛生と治安を促進してきた。

② watch と visit と relax が動詞の原形で並ぶように③を正解とし、visit にすればよい。
和訳：元旦になると、多くの日本人はテレビで特番を観て、神社をお参りして、家でくつろぐのである。

③ and が同じ形を結ぶことを考えれば、in different individuals と in different organs がセットになることがわかる。④以外で同じ形を結んでいるものはない。
和訳：年をとる過程は、個人間の違いによっても特定個人の臓器間の違いによっても、大幅に変わる。

④ it は形式主語で matters が「重要だ」という意味の自動詞。it の内容に当たる真主語は what you read と how (you read) であり、この二つを not A but B「A ではなく B」でまとめる④ but が正解となる。
和訳：英語を速く読みたいなら、大事なのは何を読むかではなく、どう読むかだ。

⑤ 意味上 but が必要になるが、but ①と④のうち、①の but also は not only が前にないと使えないので正解は④。省略を補うと …, but (it may) not (flourish) in the US. となる。
和訳：多党制は欧州やイスラエル、インド、アジア、南米では栄えるかもしれないが、合衆国では栄えない。

⑥ 否定文で目的語を結ぶ場合、and で結ばずに or で結ぶ。
I like apples and strawberries.
I don't like apples or strawberries.
今回は否定文なので or とする。
和訳：彼はスポーツに興味がなく、仕事以外には趣味も娯楽もない。

応 用 問 題

1 適切なものを選べ。

… Yankees. To make the play, Jeter had to master both conscious decisions, such as whether to intercept the throw, (   ) unconscious ones. These …

① and   ② by   ③ even   ④ or   ⑤ without

2 和訳せよ。

There is much controversy about the extent to which storage of information on computers constitutes an unreasonable interference with privacy, and as to what safeguards should be introduced.

解　答

1 ①
2 コンピュータ上の情報の蓄積が不合理なプライバシーの侵害を構成する程度についてと、どんな安全装置が導入されるべきかについて、たくさんの論争がある。

解　説

1 両サイドカンマで挿入された such as whether to intercept the throw を除いてみると、conscious decisions と unconscious ones [= decisions] を both A and B の A、B にして並列構造を完成すればよいことが見てとれる。正解は ① and である。

和訳：ジーターがそのプレーを実行するには、その送球を取るべきかどうかのような意識的な決定と、無意識の決定を両方とも使いこなせなくてはならなかった。

2 as to = about という知識があれば There is much controversy about ～ , and as to … 「～について、また…について大論争が起きている」という全体像が把握できる。constitute は「（脅威などを）与える、引き起こす」、だが、受験生レベルでは「構成する」で十分。受験生が知らない和訳を充てることに意味を感じないので模範解答は「構成する」のままにしてある。an unreasonable interference with privacy は「不合理なプライバシーの侵害」。safeguards は against the interference を補い「それに対する安全装置」などと訳してもよい。introduce は「紹介する」ではなくここでは「導入する」。

22 付帯状況のwith

with をみたらすぐに「〜といっしょに」で終わらせてはいけない。with は having の意味が基本だが、特にこの付帯状況の with は気づきにくいので気を付けること。

【22】 適切なものを選べ。

She says that she doesn't want to eat in the station with a lot of people
(   ) around her.

① walk   ② to walk   ③ walked   ④ walking

POINT ノート

with + A + B

［1］A が B の状態で
［2］そして A は B だ

B には be 動詞の後に続けることができるものであれば何でも置くことが可能

They were talking with the door closed.
（［1］彼らはドアが閉められた状態で喋っていた）
（［2］彼らは話をしていた、そしてドアは閉まっていた）

⚠ 重要ポイント❶

(1) She was talking with her eyes twinkling. (彼女は目を輝かせながら喋っていた)
(2) He is standing with his eyes closed. (彼は目を閉じたまま立っている)

　　〜ing が B の位置にくるとき、A にあたる名詞は「B をしている最中」という状態にある。例えば上の(1)であれば、B に〜ing を置くことによって（動詞 twinkle を〜ing 形にすることによって）「目がきらきらと輝いている最中」という状態が描写されている。
　　一方で、過去分詞が B に置かれている(2)は、「目が閉じられている」という状態が描写されているが、これは動詞 close が表す「（〜が開いた状態からそれを動かして）閉じる」という動作自体は既に終わっており、目が閉じた（閉じるという動作が完了した）状態にあるので、ここでは過去分詞が用いられている。

closing と closed について単純化して解説すると、

> closing →閉まっている途中の動いている瞬間
> closed →閉まり終わった状態

と考えるとよい。

> ❗ **重要ポイント❷** AとBの切れ目を探すのが難しいときは間に be 動詞を入れて考えてみる

例えば、with 以下の部分が長いとどこまでがAでどこからがBかわからなくなってくる。そんなときは、be 動詞をAとBの間に挿入してみて、区切りをみつけるといい。

The woman was walking along with her crying children following her.

例えば上の文では、crying 以下と following 以下のどちらがBとなるか判断が難しいが、Aの箇所を主語として、SVC の形をとるように be 動詞が挿入できる位置を考えるとAとBの切れ目をみつけることができる。

Her crying children are/were following her.

つまり、ここでは her crying children がA、following her がBとなり、「泣いている子供が彼女を追いかけている状態で」となる。文全体の意味は「その女性は彼女を泣きながら追いかけている子供とともに歩いていた」と意訳できる。

今回の問題は、冒頭の She says she doesn't want to eat in the station の意味を捉えることも重要になってくる。「彼女は駅の中で食べたくないと言っている」、この後、【with 以下の状態】で、と続くことを考えると、a lot of people(A)が「〜している最中(B)」という形をとると考えられ、POINT ノート内の**重要ポイント❶**にある通り、ここではBに walking を用いる。すなわち、**正解は④**となる。

全体の意味は、
「たくさんの人が彼女の周りを歩いている中、彼女は駅で食べたくないと言う」
となる。

練習問題

☑☑☑ **1** 適切なものを選べ。

My sister was sitting on the chair, with her legs (　　　).
① cross　② crossing　③ to cross　④ crossed

☑☑☑ **2** 指定の語数で英訳せよ。ただし、与えられた語句の形と語順を変えずに用いること。

彼は目を閉じてラジオを聞いていた。
[listening / his eyes]（10 語）

☑☑☑ **3** 日本語に合うように [　　　] 内を並べ替えよ。ただし不要な語が 1 語含まれている。

メアリーが髪を風になびかせてそこに立っているのが見えた。
I saw [hair / her / Mary / waving / waved / there / standing / with] in the wind.

☑☑☑ **4** 適切なものを選べ。

The peace talks failed again, with both sides (　　　) the other for the failure.
① blamed　　　② blamed with
③ blaming　　　④ blaming by

☑☑☑ **5** 誤りのある箇所を選べ。

There were ① more fire victims last year, ② with hundreds of people
③ killing and thousands, ④ injured.

☑☑☑ **6** 日本語に合うように [　　　] 内を並べ替えよ。

口にものを入れたまましゃべるなと母はしばしば私に言った。
My mother often told me not to [full / mouth / my / talk / with].

☑☑☑ **7** 適切なものを選べ。

It is rude to speak (　　　) your hands in your pockets.
① to　② for　③ like　④ with

解 答

1 ④ 2 He was listening to the radio with his eyes closed.
3 Mary standing there with her hair waving（不要な 1 語は waved）
4 ③ 5 ③（→ killed） 6 talk with my mouth full 7 ④

解 説

1 「脚（あし）」は「cross される」ので過去分詞の④が正解。
　和訳：姉は脚を組んで椅子に座っていた。

2 「目が閉じられた状態で」with one's eyes closed とする。

3 「髪をなびかせて」は「髪がなびいている状態にして」という能動の関係なので with her hair waving となり、過去分詞 waved が不要になる。「脚を組んで」や「目を閉じて」の場合は持ち主の意思で脚が交差され目が閉じられるという受動の関係になるが、「髪をなびかせて」や「目を輝かせて」の場合は持ち主の意思でそうされるわけではなく、勝手に髪はなびき目は輝くという能動の関係しか成り立たない。「メアリーがそこに立っているのが見えた」を I saw Mary standing there と SVOC 文型で整えてから付帯状況の副詞句を配置すれば文全体が完成する。

4 blame A for B「B（の理由）で A を非難する、B を A のせいにする」の語法を知っていれば②と④はすぐ排除できる。with 以下に「双方が相手を非難する」という能動の関係があるので③の現在分詞 blaming を選ぶ。内容は「和平交渉が再び失敗した」後の状況になっているので、訳すなら結果として訳し下す。
　和訳：和平交渉は再び失敗し、双方が失敗を相手のせいにした。

5 with 以下を「何百人もの人が殺す」という能動の関係にしている③の現在分詞 killing が誤り。自然死でない場合 die は be killed で代用されるので、③を過去分詞 killed にすれば「何百人もの人が亡くなった」と読める正しい英文になる。
　和訳：昨年、火事の犠牲者は増え、何百人もの人が亡くなり何千人もが負傷した。

6 with my mouth full（口がいっぱいの状態で）とすれば OK。

7 your hands are in your pockets のように be 動詞を入れると意味がつながるので付帯状況の with が使える。
　和訳：手をポケットに入れたまま話すのは失礼だ。

応 用 問 題

指定の語数で英訳せよ。ただし、与えられた語の形と語順を変えずに用いること。

彼はヒーターをつけたまま外出した。

[out / on]（7 語）

☑☑☑ **2** **和訳せよ。**

With so many million people living in a tiny area, they have learned from experience that they must be easy-going with each other if they are to get on at all.

☑☑☑ **3** **和訳せよ。**

I went into the interview room with my hair deliberately unbrushed, my shoelaces untied, the zipper on my trousers left half-way down.

解 答

1 He went out with the heater on.

2 ごく狭い地域に数百万もの人が暮らしていて、少しでもうまくやっていくつもりなら互いに相手のことを気にしないようにしなければならないということを、彼らは経験から学んできた。

3 私はわざと髪をとかさず、靴ひもも結ばず、ズボンのチャックも半分下ろして面接室に入っていった。

解 説

1 「(電気製品を)つける／止める」は turn on / turn off なので、「ヒーターをつけたまま＝ヒーターがつけられた状態で」は with the heater turned on となるはずだが、指定語数に収まるよう過去分詞 turned を省略し、with the heater on とする。これは on / off だけで通じるため動詞部分を省く口語的な書き方。類例の中では「明かりをつけたまま」with the light on が頻出。

2 文頭の付帯状況 with は「ごく狭い地域に数百万もの人が暮らしている状態で」と考える。they have learned from experience that ～ は have learned とその目的語である that- 節の間に副詞句 from experience が割り込んでいる。easy-going「のん気な、のんびりした」は with each other が続いているので「互いに無頓着でいる、互いに相手のことを気にしないようにする」ということ。if they are to ～ の are to は条件節中の「意図」の be + to だから「～するつもり、～したい」と訳出する（THEME12 参照）。get on は get along と同意で「(互いに)うまくやっていく」。

3 面接室（the interview room）に入っていった時の付帯状況を with 以下から読み取る。my hair deliberately unbrushed「髪が意図的にとかされていない」、my shoelaces untied「靴ひもが結ばれていない」、the zipper on my trousers left half-way down「ズボンのチャックが半分下ろされている」は、3つとも名詞が受動の立場であることから過去分詞が使用されている。deliberately「意図的に、わざと」から明らかなように、採用されるつもりのない「私」の意思で生じた状況だから受動の関係が成立するのである。訳出の際には自然にそうなったかのような日本語にならないよう、「(僕が自分の意思で)髪をとかさず、靴ひもも結ばず、ズボンのチャックも半分下ろして」と、能動態の言葉遣いに直すべき。本来3つ目の直前に等位接続詞 and が必要だが、ここは口語の特徴で省略されている。

23 比較の強調と最上級の強調

何か２つ以上を比べるときに比較級、３つ以上を比べるときに最上級を用いるが、比べる際にそれらの差を強調して表すときに用いる表現。いくつか種類があるが、共通しているのはすべて「程度」を表す副詞表現が比較級や最上級の表現の<u>前にひっつく</u>ということ。

【23】 適切なものを選べ。

Ken is (　　　) soccer player in the team.

① much best　② much the best　③ the much best　④ very the best

POINT ノート

[1] Kevin is <u>much</u> taller than Samantha.（ケビンはサマンサより<u>ずっと</u>背が高い）
　　⇒ much の代わりに far/a lot/a great deal を使うこともできる
[2] Jacob is <u>even</u> taller than Isabella.（ジェイコブはイザベラよりも<u>さらに</u>背が高い）
　　⇒ even の代わりに still/yet を使うこともできる

⚠ 重要ポイント❶　差が大きいときの強調と差が小さいときの強調を使い分ける

[1]と[2]の例文をみると、日本語訳ではあまり違いがないようにみえるが、実はこの二つの英文はニュアンス的に大きく異なる。<u>比較する対象の人 / ものの差が大きいこと</u>にフォーカスして強調するときに[1]にある表現（much/far/a lot/a great deal）が用いられ、<u>差が小さいこと</u>にフォーカスして強調するときに[2]にある表現（even/still/yet）が用いられる。[上記[2]で言えば「ただでさえ背が高い Isabella よりも差は少ないがさらに背が高い Jacob」というイメージ]

⚠ 重要ポイント❷　可算名詞の複数形を修飾する比較級の強調は例外

上にある[1]の例文の形の応用として

Jane is <u>much</u> more beautiful than Nancy. が成り立つことがわかる。

ただし、この比較級の数詞 more が複数名詞を修飾しているときは、この強調の much は使えないことに注意！この場合、much の代わりに many が more の前に置かれる。

That store has many $\boxed{\text{more}}$ games than the one near my home.

※ more の後に不可算名詞がきているときは、more の前に much がくる

He drinks much $\boxed{\text{more}}$ water than me.

> (!) **重要ポイント❸** 最上級の強調は the の前後どちらに入れるかによって、強調表現が変わる

He is the best player in his class.

この最上級の文を強調するとき、以下の二つのパターンになる。

the の左右どちらに入れるかで、入れる語（句）が異なる。

He is by far $\boxed{\text{the}}$ best player in his class. ⇒ by far の代わりに much を使うこともできる

He is $\boxed{\text{the}}$ very best player in his class.

> (!) **重要ポイント❹** 副詞 easily は比較級と最上級の強調として使うことも可能

「簡単に」の意味で知られる easily は比較級と最上級を強調する語として用いることもできる。このときの訳は、「疑いなく」となる。左の**重要ポイント❶**にある much/far/a lot/a great deal 及び even/still/yet と同様の意味（強調）で easily を比較級の表現の前に置くことができる。**重要ポイント❶**の例文(1)(2)はニュアンスが異なると述べたが、どちらの意味合いとしても easily を使うことはできる。

注意 ただし、最上級の強調においては easily は the の左側に置く。

今回の問題は、「Ken は**最も**〜なサッカー選手だ」と、最上級の文となることが推測できる。**POINT** ノート内の**重要ポイント❸**にある通り、very は the のうしろにしかこない。最上級の強調の much は the の前にしかこないことから、**正解は②**となる。

全体の意味は、
「ケンこそまさにチームで一番上手なサッカー選手です」
となる。

練 習 問 題

☑☑☑ **1** 適切なものを選べ。

We have had (　　　) more games this season than we did last year.

① many　② most　③ much　④ very

☑☑☑ **2** 適切なものを選べ。

Helicopters can lift things which are (　　　) heavier than they are themselves.

① even　② more　③ so　④ very

☑☑☑ **3** 適切なものを選べ。

Susan is (　　　) student in her class.

① much best　② much the best　③ the much best　④ very the best

☑☑☑ **4** 適切なものを選べ。

That is (　　　) the worst movie I have ever seen.

① much up　② more　③ by far　④ over again

☑☑☑ **5** 適切なものを選べ。

He is the (　　　) best singer in the chorus.

① far　② more　③ much　④ very

解　答

☐1 ①　　☐2 ①　　☐3 ②　　☐4 ③　　☐5 ④

解　説

☐1 重要ポイント❷より、答えは many。
和訳：今季は昨年よりずっと多くのゲームを入荷してあります。

☐2 比較級の修飾に関する選択完成。比較級 heavier を修飾できるのは① even しかない。飛べる、つまり自身を持ち上げることができるというだけでヘリコプターは十分に「重い」ものを持ち上げられるわけだが、例えば大型のブルドーザーや戦車のような自身より「さらに重い」ものをヘリコプターは持ち上げることができるという内容である。ジャンボジェットやタンカーのような自身より「はるかに重い・ずっと重い」ものは無理な話なので、選択肢に much や far があっても正解になりえないことに注意。
和訳：ヘリコプターは自身よりさらに重いものを持ち上げることができる。

☐3 最上級の修飾に関する選択完成。the best と much を正しく組み合わせた② much the best が正解。④の very なら the very best の語順でないと正しくない。
和訳：スーザンはクラスの中ではとびきり優秀な生徒だ。

☐4 最上級の修飾に関する選択完成。much 同様 the worst の前に置けるのは③ by far。「断然、とびきり、ずば抜けて」などと訳される much the 最上級 / by far the 最上級は、二位以下を引き離した圧倒的一位を表すのに適している。
和訳：あれは私がいままでに観た中では断然最悪の映画だ。

☐5 最上級の修飾に関する選択完成。空所が the best の間なので④ very が正解。この very は「まさに、まさしく」という意味で、the very 最上級は一位候補が乱立するような状況で正真正銘の一位を表すのに適している。
和訳：彼こそが合唱団で一番優れた歌い手である。

応用問題

☑ **1** 下線部を同じ意味を持つ他の英語1語で置き換える時、最も適切な語を1つ選べ。

… I have always been amazed at how poorly the United States ranks in health when compared with other countries. When I began medical school in 1970 we stood about 15th in what I call the Health Olympics, the ranking of countries by life expectancy or infant mortality*. Twenty years later we were about 20th, and in recent years we have plunged <u>even</u> further to around 25th, behind almost all rich countries and a few poor ones. …

Notes : infant mortality 乳幼児死亡率

① less ② little ③ more ④ still ⑤ much

☑ **2** 英訳せよ。

旅は楽しい。一人旅もいいが、気の合った二、三人とする旅はもっと楽しい。

☑ **3** 適切なものを選べ。

I was just eighteen years old when I entered nursing school, (　　) the youngest member of my class. Consequently, I was the subject of a great deal of teasing and good-natured ribbing from my classmates, many of whom …

① hardly ② easily ③ luckily ④ disappointedly

解　答

1 ④

2 例1）Travel is fun. Traveling without a companion may be enjoyable, but traveling with a few good friends is even more enjoyable.

例2）Travel gives you pleasure. Traveling alone is pleasant, of course, but it is still more pleasant if you travel with two or three of your best friends.

3 ②

解　説

1 この even は直後に further（far の比較級）があるので「さらに」と訳す**重要ポイント❶**を使えば一発。

> **和訳**：他国と比べてみた時のアメリカの健康面での順位の低さに私はいつも驚かされてきた。1970年に私が医学部に入学した頃アメリカ人は、いわゆる健康オリンピックで、すなわち平均寿命と乳幼児死亡率による国のランク付けで 15 位ぐらいだった。その 20 年後には 20 位ぐらいで、近年ではさらに 25 位ぐらいまで落ち込み、ほぼすべての富裕国といくつかの貧困国よりも下位になってしまった。

2 even / still + 比較級の和文英訳。「もっと楽しい」は more enjoyable や more pleasant といった比較級だけでも表現できそうだが、冒頭に「旅は楽しい」とあるので、気の合った二、三人とする旅は「さらに楽しい、なおいっそう楽しい」という追加の文脈を当てはめ、even more enjoyable や still more pleasant と表現するのがふさわしい。

第 2 文《原級 → but → even / still + 比較級》に形容詞を使用するのであれば、第 1 文の「楽しい」には fun や pleasure など名詞を使い、同一表現の単調な繰り返しを避けるとよい。第 2 文冒頭「一人旅もいい」の「いい」は「楽しい」なので、ここに enjoyable / pleasant といった形容詞の原級を当てはめる。

「一人旅」traveling alone は、「気の合った二、三人とする旅」traveling with a few good friends / traveling with two or three of your best friends の比較対象らしくなるよう、traveling without a companion「連れのいない旅」と表現してもよい。

3 最上級の修飾に関する選択完成。the + 最上級の前に置き「もちろん、疑いもなく、明らかに」という意味を添える② easily が正解【**重要ポイント❹**参照】。他の選択肢のうち③ luckily「さいわい、運よく」を排除するには次の文を解釈することが必要。the subject of ～「～の対象、～受ける存在」の目的語は ribbing「いじめ、からかい」で、その前の teasing and good-natured は「しつこく悪気のない」という意味の形容詞。悪気はないとはいえ年長のクラスメートたちからずいぶんからかわれたという内容なので「運よく」は不適切となる。

> **和訳**：看護学校に入学したとき私は 18 歳にすぎず、疑いもなくクラスで最年少だった。そのためクラスメートたちからしつこく悪気のないからかいを盛んに浴びせられることになった。

24 動詞 + O + to原形

この「SVO to 原形」の形は入試に頻出の形なのでしっかりと覚えておくこと。

【24】 適切なものを選べ。

The security guard didn't (　　　) me to enter the campus.

① admit　　② forgive　　③ let　　④ permit

POINT ノート

重要ポイント❶　O → to 原形 → 動詞(V)の順で訳す

(1) I told you to go. (私はあなたに行きなさいと言った)

(2) I want me to go. (私はあなたに行って欲しい)

この「動詞 + O + to 原形」をとる文は、O → to 原形 → 動詞(V)の順で訳していけば良い。

重要ポイント❷　うしろに「O + to 原形」の形をとれる動詞を覚える

すべての動詞がこの「動詞 + O + to 原形」の形をとるわけではなく、特定の動詞のみうしろに「O + to 原形」をとれる。以下の動詞が(頻出の)該当する動詞なので覚えておこう。

> cause, permit, enable, drive, encourage, invite, help, want, like, leave, ask, expect, order, urge, require, request, *remind, *tell, *warn, *persuade, teach, *convince, advise, get, allow, force, compel, oblige, *notify など

注意　ただし、上に挙げた動詞の中でも、* 印をつけた動詞に関しては of や that を Oの後にとることもできるので注意!

$$\left. \begin{array}{l} \text{convince/notify/persuade/} \\ \text{remind/tell/warn} \end{array} \right\} + O \left\{ \begin{array}{l} + \text{ of + 名詞} \\ + \text{ that SV} \\ + \text{ to 原形} \end{array} \right.$$

重要ポイント❸ 「O に〜させる」で処理する

重要ポイント❷で述べたように、この「動詞 + O + to 原形」の形がとれる動詞は決まっているので覚えておく必要があるが、もし知らない動詞がこの形をとっていたら、「O に〜させる」と処理すればよい。

He tempted me to study.（彼は私に勉強させた）

例えばこの文の動詞（V）の tempt を知らなかったとすると、形（構造）から文の意味を推測することもできる。ここでは、「動詞 +O+to 原形」の形となっていることに気がつけば、「O に〜させる」と読むことができる。

重要ポイント❹ promise だけは例外

重要ポイント❶で示した通り、通常は「O が to 〜する」という関係となるが、動詞 promise だけ例外的な意味の取り方をするので注意！

He promised me to go.（彼は私に行くことを約束した）

上の文は「動詞 + O + to 原形」の形をとっているが、動詞が promise のときは、O の me が「行く」のではなく、He が「行く」の意味となる。

今回の問題は、The security guard から始まり、O に me がきて to 原形に enter が続いていることから「動詞 + O + to 原形」の形（構造）に気がつくことができる。POINT ノート内の**重要ポイント❷**で示したように、特定の動詞しかこの形をとれない。選択肢の中で唯一この形がとれる、**④の permit が正解**となる。

動詞 permit は「〜を許可する」という意味。

全体の意味は、
「その警備員は私がキャンパスの中に入ることを許可してくれなかった」
となる。

練習問題

☑☑☑ **1** 日本語に合うように [　　　] 内を並べ替えよ。

この事件で私たちは彼の指導力を疑うようになった。

This case [about / caused / to / us / wonder] his leadership.

☑☑☑ **2** 日本語に合うように [　　　] 内を並べ替えよ。

精密な実験を行えば、どこが間違っているかわかるだろう。

Exact experiments will [find / enable / is / to / what / you] wrong.

☑☑☑ **3** 適切なものを選べ。

The teacher encouraged (　　　).

① me to study ② me to studying
③ for me to study ④ that I should study

☑☑☑ **4** 適切なものを選べ。

Could you remind (　　　) my academic advisor at 9:00 p.m. tomorrow?

① me to call ② me of calling ③ me into calling ④ my calling

☑☑☑ **5** 適切なものを選べ。

After a long argument I finally (　　　) her to go camping.

① agreed ② changed ③ persuaded ④ assured

☑☑☑ **6** 適切なものを選べ。

His mother (　　　) to be more careful in his choice of words.

① advised him ② said him ③ suggested him ④ warned to him

☑☑☑ **7** 適切なものを選べ。

Nobody (　　　) him to bring his dog to the wedding.

① thought ② hoped ③ considered ④ expected

解 答

1. caused us to wonder about　　2. enable you to find what is
3. ①　　4. ①　　5. ③　　6. ①　　7. ④

解 説

1. cause + O + to 原形「O に〜させる」の整序作文。この cause は常に無生物を主語とするため無生物 S + cause + O + to 原形という構文全体を「S によって O は〜する」と教える人もいるが、直訳でも意味は理解できるのでどちらでもよい。

2. enable + O + to 原形「O に〜することを可能にさせる」の整序作文。

3. encourage + O + to 原形「O に〜するよう励ます、O を励まして〜する気にさせる」の選択完成。
   和訳：先生は私を励まして勉強する気にさせた。

4. remind + O + to 原形「O に〜するよう思い出させる、忘れずに〜するよう O に注意する」の選択完成。remind + A of B「A に B を思い出させる」の B は過去のことで（特にうしろが〜 ing なので明らか）、本問のように未来の取るべき行動を思い出させる場合は remind + O + to 原形になるので正解は①である。
   和訳：明日の夜 9 時、忘れずに指導教官に電話するよう私に注意してくれませんか。

5. persuade + O + to 原形「O を説得して〜させる」の選択完成。
   和訳：長い議論のすえ私はやっと彼女を説得してキャンプに行かせた。

6. advise + O + to 原形「O に〜するよう忠告する、助言する」の選択完成。④の warn は warn + O + to 原形「O に〜するよう警告する」という語法があるので to him の to が不要。
   和訳：彼の母親は彼に言葉を選ぶ際にはもっと気を付けるようにと忠告した。

7. うしろに O + to 原形〜を続けることができるのは、重要ポイント❷より expect しかない。
   和訳：彼が自分の飼い犬を結婚式に連れてくるとは誰も思っていなかった。

応用問題

☑☑☑ **1** **日本語に合うように [　　　] 内を並べ替えよ。**

建物の中はどこも禁煙です。

We do not [people / anywhere / allow / smoke / to] in the building.

☑☑☑ **2** **適切なものを選べ。**

John has promised Mary to stay home. This means (　　　) must stay home.

① both John and Mary　②　either John and Mary　③　John　④　Mary

☑☑☑ **3** **指定の語数で英訳せよ。ただし、与えられた語の形と語順を変えずに用いること。**

ほかにどんなことをして欲しいというのですか。

[expect / me] （8 語）

解 答

1 allow people to smoke anywhere   **2** ③   **3** What else do you expect me to do?

解 説

1 allow + O + to 原形「O が〜するのを許可する、許可して O に〜させてやる」の整序作文。主語の We は建物の管理者を、目的語となる people は建物の利用者をそれぞれ漠然と表しており、どちらも日本語に訳出されない。動詞の語法に関する並べ替えの問題では、動詞（本問なら allow）にふさわしい文構造を知っておくことで各パーツの配置が決まる。

2 S + promise + O + to 原形「S は O に〜すると約束する」の内容に関する選択完成。動詞 + O + to 原形では通常 O が不定詞の意味上の主語だが、promise だけは例外的に S が不定詞の意味上の主語になる【重要ポイント❹参照】。

例) John told **Mary** to buy it. = John told Mary that **she** should buy it.

John promised Mary to buy it = John promised Mary that **he** would buy it.

正解は③である。

和訳：ジョンはメアリーに家に居ると約束してある。つまり、ジョンは家に居なくてはならないのだ。

3 expect + O + to 原形「O が〜すると予想する・期待する、O が〜するのは当然だと思う」の条件作文。日本語に省かれている主語「あなたは」と目的語「私に」を補えば do you expect me to do? が整う。「ほかにどんなことを」は to do の目的語だが、疑問詞なので疑問文の先頭に配置する。what と組み合わせて「ほかに」を表現できるのは代名詞の後に置いて用いる else。名詞の前に置いて用いる other は what と併用できない。What else do you expect me to do? で 8 語という指定語数通りになる。

25 〜する人が増えている / 最近

「〜する人が増えている」という表現も日常的によく使うが、代表的な表現は二つあるので、どちらも使いこなせるように。また、「最近」という訳になる英語表現も多くあるが、これらも使い方が異なるので、使い方をマスターできるように。

【25】 適切なものを選べ。

These days, more and more Chinese students (　　　) abroad because of their economic growth and interests in immigration.

① are going　　② has gone　　③ are increasing　　④ has increased

POINT ノート

〈〜する人が増えている〉 {
　[1] The number of 〜 is increasing.
　[2] More and more 〜 are -ing.
}

〈最近〉 {
　recently　　　　　　　　　　⇒ 過去形 or 現在完了形
　these days /nowadays　　　⇒ 現在形 or 現在進行形
　lately　　　　　　　　　　　⇒ 現在完了形
}

⚠ 重要ポイント❶　be 動詞の単複に気をつける 〈〜する人が増えている〉

[1]の表現の主語(S)は the number なので、動詞(V)は is increasing となる。一方で、[2]の主語(S)は二つ目の more の後に置かれる複数名詞となるので、be 動詞は are が用いられる。

⚠ 重要ポイント❷　2つの表現を混同しない 〈〜する人が増えている〉

[1]では「増えている」という意味が、(is) increasing で表されているが、[2]の場合は冒頭、主語の名詞の前に置かれる more and more で表されているので increase は使わないことに注意。また、[1]は統計的な表現であり、[2]は口語的ということも覚えておくとよい。

! 重要ポイント❸ 動詞の時制が何かによって、使う単語を変える〈最近〉

日本語で「最近」という言葉を使うとき、時制は現在でも過去でも良い。（例）最近よく見る／最近見た）この「最近」の訳になる英語表現は複数あるが、それぞれ文中の動詞の時制が何かというのがキーになる。使い分けは左にある通りである。

※ lately は否定形でのみ使用する地域と、肯定でも否定でも使う地域もある為、英作文の際に積極的に使用することは避けたい（採点者独自の基準によってはねられる可能性がある為）

! 重要ポイント❹ 「最近の〜」と形容詞として使うときは、名詞のうしろに these days〈最近〉

そもそも「最近」という表現は時を表す副詞であるが、「最近の〜」という意味で形容詞として用いたいときは、「名詞＋ these days」を使うと便利（この表現以外にもあるが）。この場合、these days が前の名詞をうしろから修飾するという形。

Young people these days are rude.（最近の若者は無礼である）

今回の問題は、「最近」という意味の These days が冒頭にあることから、文の時制に注目が必要なことに気がつきたい。POINT ノート内で示したように、these days は現在形もしくは現在進行形でしか使わないので、現在完了形の②と④は不適。「〜が増えている」という意味は these days の後の more and more で表されていることから③の are increasing を仮に選ぶとなると、意味が重複するので×。したがって、①が正解となる。

全体の意味は、
「中国の経済成長と移民への興味のために、最近、海外に行く中国人学生が増えている」
となる。

練習問題

1 適切なものを選べ。

What happened to Chris? We don't see her (   ).
① recently ② lately ③ these days ④ those days

2 不適切なものを選べ。

He began to practice judo only (   ).
① recently ② a week ago ③ these days ④ last week

3 誤りのある箇所を選べ。

① Recently the ② number of women ③ are ④ on the rise.

4 日本語に合うように [   ] 内を並べかえよ。ただし文頭にくるものも小文字で示してある。

地球の将来を心配する人がますます増えるだろう。

[people / concerned / more and more / will be] about the future of the earth.

5 適切なものを選べ。

George Bailey, who is a famous movie star in the U.S., recently (   ) positive reviews for his role as Harold Hill in the Broadway production of "The Music Man".
① responds ② responded ③ receives ④ received

6 適切なものを選べ。

These days, more and more Japanese people (   ) abroad because of the strong yen, and Narita Airport is very crowded.
① are going   ② has gone
③ are increasing   ④ has increased

7 英訳せよ。

最近週末にキャンプを楽しむ人が増えてきました。

解 答

1 ③ **2** ③ **3** ③（→ has been）

4 More and more people will be concerned **5** ④ **6** ①

7 例 1 ）More and more people are [have been] enjoying camping on weekends.

例 2 ）The number of people who enjoy camping on weekends is [has been] increasing.

解 説

1 重要ポイント❸より these days しか答えにならない。動詞の時制を見て判断。

和訳：クリスはどうしたんだろう。近頃見かけないが。

2 began と過去形が使われているので、③ these days が不適当で正解【重要ポイント❸参照】。

和訳：彼はつい①最近／②一週間前に／④先週、柔道の稽古を始めたばかりだ。

3 ① Recently と③ are の現在形は併用しないのでどちらかが誤りだが、この二者の関係だけで誤りを特定することはできない。どちらかをもう一方に合わせて書き直すと正しい英文になるのだとしたら、①と③はどちらが正解でもよいことになるからだ。視点を変え、主語が the number という単数名詞であることに着目すれば正解は③と決められる。the number が主語の場合、be 動詞は現在形なら is、Recently に合わせるなら has been となるはず。④ on the rise は「上昇中、増加中」という意味で、ここでは increasing の代用になっている。

和訳：最近女性の数が増えている。

4 more and more + 名詞「ますます多くの〜」は「〜が増えている」と読み替えられ、動詞 increase の代わりになる【重要ポイント❶参照】。increase は主語に可算名詞なら the number of 〜 を、不可算名詞なら the amount of 〜 を加えねばならず、前後に具体的な数量が示される文脈がないと不自然になるなど使用に制約が多い。作文で「増える／増えている」を表現する場合は more (and more) を優先的に活用すべきである。

5 recently があるので過去形か現在完了。respond は to が必要なので答えは④。

和訳：George Bailey はアメリカの有名な映画スターで最近 the Music Man というブロードウェイの作品で Harold Hill という役で良い評価を受けた。

6 These days があるので現在形か現在進行形。そして more and more があるので increase が使えないため、答えは①。

和訳：最近、円高のために海外に行く日本人が増えてきており、成田空港はとても混雑している。

7 「週末に」は on weekends。「キャンプを楽しむ」は enjoy camping。「増えてきました」に increase を使うか more and more を使うか考え、後者なら enjoy を進行形にする。

応用問題

1 下線部を英訳せよ。

昨今、いたるところにマニュアル、手引書のたぐいが氾濫している。<u>一方では、あれをしろ、これをしろと指示されなければ何もしない、何をしていいかわからない、という若者が増えている。</u>実に奇妙な光景だ。

2 指示された書き出しに従って英訳せよ。

都会で暮らす人々の間で、ガーデニングが趣味だという人の数が増えてきている、という記事を新聞で読みました。（I read で書き始めること。）

3 英訳せよ。

本や雑誌がこれほど数多く出版されているにもかかわらず、私たちが読書に費やす時間は年々減少している。

解 答

1 例1）On the other hand, there are more and more young people who don't do anything or don't know what to do unless they are told to do this or that.

　例2）On the other hand, more and more young people don't do anything or don't know what they should do if they are not given specific instructions.

2 例1）I read in a newspaper article that the number of people living in cities who make a hobby of gardening is [has been] increasing.

　例2）I read in a newspaper story that more and more people living in cities are [have been] making a hobby of gardening.

　例3）I read in the newspaper that the number of people living in cities who are interested in gardening is [has been] increasing.

　例4）I read in the newspaper that more and more people living in cities are [have been] interested in gardening.

3 例1）Though so many books and magazines are (being) published, the amount of time (which) we spend (in) reading is decreasing year by year.

　例2）Though so many books and magazines are (being) published, we are spending less (and less) time (in) reading every year.

解 説

1 The number で始まる文は「統計的」なイメージがあるので今回の内容では more and more で始める文のほうを使用することを勧める。don't do anything と don't know what to do をつなぐ等位接続詞は and ではなく or（⇒ THEME 21 参照）。「あれをしろこれをしろと指示される」be told to do this or that と直訳気味に表現してもよいし「具体的な指示を与えられる」be given specific instructions と言い換えてもよい。日本語では「あれこれ」だが、英語では this or that と逆になる。ちなみに「白黒」も black and white の順。

2 「という記事を新聞で読みました」は「〜ということを新聞（の記事）で読んで知った」と考え、I read in a newspaper article [story] that 〜 や I read in the newspaper that 〜 とまとめる。that 以下は現在の事実として扱い、I read の過去形と時制をそろえず現在形／現在完了形で書く。「都会で暮らす人々」は city dwellers や urban residents などと難しく表現することに意味を感じないので people living in cities と素直に表現すべき。

3 「本や雑誌がこれほど数多く」は「これほど多くの本や雑誌が」と読み替えて so many books and magazines とまとめる。「出版されている」be published は進行形にするなら be being published だが、ここはどちらでもよい。「〜にもかかわらず」は Though S + V。「時間」は不可算名詞なので、「減少している」に decrease を使うなら主語は the amount of time。

26 原因 / 理由

「理由 / 原因」を述べるときの表現。うしろに SV を続けて「理由 / 原因」を述べる表現と、名詞を用いて「理由 / 原因」を述べる表現に大別できるが、これらの中にもさらに複数の表現のパターンが存在する。

【26】 適切なものを選べ。

That's all (　　　) you. I'm feeling so sad and lonely.

① because　　② because of　　③ due to　　④ on account of

POINT ノート

⚠ 重要ポイント❶　理由 / 原因が相手にとっての新情報か旧情報かで言い分ける

うしろに SV が続いて「〜が原因で / 理由で」を表すとき

(1) because　S + V　　⇒(聞き手にとっての)新情報を理由/原因として述べる

(2) since　　　S + V ⎫
　　as　　　　S + V ⎬ ⇒(聞き手にとっての)旧情報を理由/原因として述べる

　※相手にとっての新情報は旧情報よりも強く響く為、上の(1)(2)の表現が持つ強弱は異なる。つまり、(1)の表現のほうが強く響き、(2)の表現のほうが弱く響く。

because をさらに強調したいときには、It is because … that 〜の構文を用いる(強調構文)。THEME 11 参照

※ since と as はこの It is…that 〜の形をとることはできないので注意

　│It is│ because Maria is rich │that│ Tom married her.
　(トムがマリアと結婚したのは彼女がお金持ちだからである)

⚠ 重要ポイント❷ 名詞で理由 / 原因を表すとき「人」をうしろにとれるのは because of だけ

うしろに名詞を用いて「理由 / 原因」を表す表現には以下のものがある。

on account of + 名詞

due to + 名詞

owing to + 名詞

because of + 名詞

注意 すべて訳は「〜が理由で / 原因で」となるが、because of のみうしろに「人 / 物」の両方をとることができる。それ以外の表現は、うしろに「物」しかとることができないので注意！

⚠ 重要ポイント❸ Just because 〜構文

$$
\left[\begin{array}{l}
\text{Just because S + V } \sim \text{(, it) doesn't} \left[\begin{array}{l}\text{follow}\\\text{mean}\end{array}\right] \text{that } \cdots\\
\text{〜だからといって…を意味するわけではない}
\end{array}\right]
$$
（省略可）

は有名な構文なので丸暗記。

例） Just because I love you(, it) doesn't mean that I want to marry you.
（あなたのことを愛しているからといって結婚したいということではない。）

　今回の問題は空所の後が you で文が終わっていることから、「理由 / 原因」を表す名詞を用いた表現を使う。①は S + V をうしろにとるので不適。POINT ノート内の **重要ポイント❸** にあるように、because of 以外は人をうしろにとれないため、**②が正解**となる。

　全体の意味は、
「すべてあなたのせいよ。私はとても悲しいし、寂しい」
となる。

練 習 問 題

☑☑☑ **1** 適切なものを選べ。

Just (　　　) John is good at mathematics does not mean that he is creative.
① because　② so　③ as　④ like

☑☑☑ **2** 誤りのある箇所を選べ。

The reason ① for ② going abroad is ③ because I have ④ long wanted to see Japan
from other countries.

☑☑☑ **3** 適切な語を入れよ。

I don't like him.　That is because he is always saying bad things about other people.
= He is always saying bad things about other people.　That (　　　) (　　　) I don't
　like him.

☑☑☑ **4** 適切なものを選べ。

(　　　) you were not at the meeting, we made the decision without you.
① Unless　② Since　③ If　④ For

解 答

1 ①　　2 ③（→ that）　　3 is, why　　4 ②

解 説

1 重要ポイント❸より正解は①。
和訳：ただ数学が得意だからといって、それでジョンが創造的だということにはならない。

2 The reason for [why] 〜 is because S + V …「〜の理由は…だからだ」は口語では使われているが入試では誤りとされる。that を使うのが無難。
和訳：私が外国に行く理由は、日本を外国から見たいと長い間思っていたからだ。

3 That is because から因果関係を逆にすると That is why になる。That is the reason why から先行詞 the reason を省略した書き方だが、Therefore の同意表現と覚えておいてよい。
例）The window was open. That's why [= Therefore] I felt cold.
「窓が開いていた。そんなわけで私は寒いと感じた」
和訳：私は彼が好きじゃない。（それは）いつも人の悪口を言ってばかりいるから。
＝彼はいつも人の悪口を言ってばかりいる。そういうわけで私は彼が好きじゃない。

4 理由の副詞節を導けるのは② Since のみ。「あなたが会議にいなかったから」という理由は本人である「あなた」にとって既知の理由なので文頭の Since S + V がふさわしい。
和訳：あなたが会議にいなかったから、私たちだけで決めました。

応 用 問 題

☑☑☑ **1** 同じ意味を表す文を選べ。

Just because I said I don't like jazz, it doesn't follow that I dislike all music.

① I don't like jazz, but I may or may not like other types of music.

② I like almost every type of music except jazz.

③ I am not a great jazz fan, but I wouldn't say I dislike it or any type of music.

④ Jazz is the only kind of music that I dislike.

☑☑☑ **2** 英文を読み設問 A、B に答えよ。

Why a language becomes a global language has little to do with the number of people who speak it. It is much more to do with who those speakers are. Latin* became an international language throughout the Roman Empire, but this was not because the Romans were more numerous than the people they conquered. (1) They were simply more powerful. Later, when Roman military power declined, Latin remained for a millennium as the international language of education, (2) thanks to a different sort of power — the religious power of Roman Catholicism.

  * Latin：ラテン語（古代ローマ人の母語）

A 下線部(1)の内容を、50 字以内の日本語で説明せよ。

B 下線部(2)の意味に最も近いものを選べ。

① owing to   ② in gratitude to

③ in terms of   ④ with respect to

☑☑☑ **3** 英訳せよ。

東京では交通が渋滞し駐車場がないので、自家用車で出勤する人が減っている。通勤電車と地下鉄が縦横に走っているので、自家用車はほとんどいらない。

解 答

① ①

② A 例1）ラテン語が国際語になったのは、ローマ人が彼らに征服された人々より強かったから
にすぎないということ。(49字)

例2）ローマ人の言葉が国際語になった背景には、被征服民に対する軍事的優位以外に理由
はないということ。(47字)

B ①

③ 例）In Tokyo, the number of people who commute to work in their own cars is decreasing,
because of traffic congestion and the lack of parking lots. Since the commuter trains and
subways are available all over the city, there is little need for private cars.

解 説

① Just because S + V が名詞節化せず、代名詞 it が残された書き方になっている。**重要ポイント❸**
「ただジャズが好きでないと発言したからといって、私が音楽はすべて嫌いだということにはならない
＝ジャズ以外の音楽なら好きな種類もある」と意味が一致するのは①「私はジャズが好きではないが、
他の種類の音楽は好きかもしれないし好きではないかもしれない」。②「私はジャズ以外はほぼすべ
ての種類の音楽が好きだ」、③「私はジャズの熱烈なファンではないが、自分ならジャズでもどんな種
類でも音楽を嫌いとは言わないだろう」、④「ジャズは私が嫌いな唯一の種類の音楽だ」はいずれも
意味が一致しない。

和訳:ただジャズが好きでないと発言したからといって、私が音楽はすべて嫌いだということにはならない。

② A 「これはローマ人の数が彼らの征服した人々より多かったからではなかった」を踏まえると、
下線部の They に the Romans が当てはまり、more powerful の後に than the people they
conquered が補える。次の文の冒頭にある Roman military power を参考にすると、ただ「強かっ
た」ではなく「軍事的により強かった」「軍事力が上だった」などと表現できる。以上を踏まえ、
全体を 50 字以内の日本語にまとめればよい。

B thanks to ～「～のおかげで」は日本語同様、皮肉を込めて使うことも可能な原因・理由の前
置詞で、① owing to が正解となる。② in gratitude to ～「～に感謝して」、③ in terms of ～「～
の観点から」、④ with respect to ～「～に関しては」はいずれも意味が遠い。

和訳: ある言語が国際語になる理由は、その言語を話す人の数とはほとんど関係がない。その言
語を話すのが誰かということのほうが強く関係しているのである。ラテン語はローマ帝国全
土の国際語となったが、これはローマ人の数が彼らの征服した人々より多かったからではな
かった。ローマ人のほうがたんに強かったのだ。その後、ローマの軍事力は衰えたものの、
別種の力、ローマカトリック教会の宗教権力のおかげで、ラテン語は 1000 年もの間教育の
国際語として残った。

③ 「交通が渋滞し駐車場がないので」に because (of) を使うなら新情報として後に回し、主節の「自家
用車で出勤する人が減っている」を先に出して「東京では」とまとめる。「自家用車で出勤する」は drive
one's car to work や commute to work in one's own car。「～する人が減っている」は THEME 25 参照。

27 比較4大イディオム

　比較4大イディオムと呼ばれる no more than 系のイディオム表現。パッと見、混乱してしまいそうになる表現が多いが、ロジックがわかればすぐに意味もわかるようになる。これらのイディオムも大学入試には頻出なので、それぞれのイディオムの形と意味をしっかり定着させよう！

【27】適切なものを選べ。

It was surprising for me to see such a big library. I heard that they have
(　　　) ten thousand books in there.

① not more than　　② not less than　　③ no more than　　④ at most

POINT ノート

⚠重要ポイント❶　言い換え表現とセットで覚える

　これらの4大表現を見ると混乱しそうになるが、言い換え表現とセットで覚えると覚えやすい。

(1) **not less than** ⇒ 〜よりも多い（少なくとも〔= at least〕）
= more than

(2) **not more than** ⇒ 〜よりも少ない（多くても〔= at most〕）
= less than

(3) **no less than** ⇒ 〜もの $\left[= \text{as} \binom{\text{much}}{\text{many}} \text{as} \right]$
= 〜より下がることはない

(4) **no more than** ⇒ 〜しか〔= only〕
= 〜より上がることはない

　not から始まる(1)(2)の表現は、not more = less, not less = more と言い換えて捉えて考えるとよい。また、not less than = at least, not more than = at most と言い換え表現とペアで覚えるのもよい。

!️ 重要ポイント❷　no less than は「満足」no more than は「不満」

例えば「私の時給は 900 円です」というときに、この(3)(4)の表現どちらも使えるが、ニュアンスが大きく異なる。

My wage is no less than 900 yen per hour.

（私は時給を 900 円ももらっています）　満足（900 円より下がらなくてよかった）

My wage is no more than 900 yen per hour.

（私は時給を 900 円しかもらっていません）　不満（900 円よりも上がらなくて不満）

no less than はその後に続く数 / 量が多いことを表し、no more than は数 / 量が少ないことを表す。つまり、時給を表そうとすれば no less than は数 / 多いことを表すので「満足」、no more than は少ないことを表すから「不満」を表す表現となる。

!️ 重要ポイント❸　no + 比較 + than の書き換え公式で覚える

〈書き換え公式〉

no + 比較 + than

↓　　↕　　↓

as　反対語　as

　　（原級）

この公式に従うと、例えば no larger than = as small as と言い換えることができる。つまり、(3)(4)の表現もこの公式に当てはめて考えると、混乱せずに意味が捉えられる。

今回の問題は、「こんなに大きな図書館をみたことがない」との流れを考えて、②**が正解**となる。そもそも①と④は同じ意味なのでダメ。

全体の意味は、

「こんなに大きな図書館はみたことがないので驚きました。そこには少なくとも一万冊の本があると聞きました」

となる。

練習問題

☑ **1** 適切な語を入れよ。

The garden of my house is as small as the space for a bike.

= The garden of my house is (　　　　) (　　　　) than the space for a bike.

☑ **2** 下線部に最も意味が近いものを１つ選べ。

Mike is always unwilling to return the money he borrows. He is **little better than a thief**.

① almost as bad as　　② not as good as

③ far from being　　④ no more than

☑ **3** 適切なものを選べ。

"I'm no taller than Mary" means "(　　　　)".

① I'm about as tall as Mary　　② I'm not so tall as Mary

③ I'm far shorter than Mary　　④ Mary is much taller than me

☑ **4** 適切なものを選べ。

My students were few in number, (　　　　) four or five altogether.

① as many as　　② as little as

③ no more than　　④ no less than

☑ **5** 適切なものを選べ。

"I have at most 100 dollars." means "I have (　　　　) 100 dollars."

① more than　　② less than　　③ not more than　　④ not less than

解 答

1️⃣ no, larger　2️⃣ ①　3️⃣ ①　4️⃣ ③　5️⃣ ③

解 説

1️⃣ **重要ポイント❸**の公式より、no larger が正解。small の反対語を書けばいいわけだが、small の反対語は large である。ネイティヴでも small の反対語が big だと勘違いしている人がいるが、間違っている。large / small が反対語関係で「客観的」、big / little が反対語関係で「主観的」。サイズも L サイズ、S サイズ、と言うように、large と small が反対語関係。
和訳：うちの庭は狭くて、ちょうど自転車一台分のスペースぐらいの広さだ。

2️⃣ 比較級の前に用いる little は語否定で、little better than は no better than に準ずる。no 比較級 than = as 反意語の原級 as を応用すれば、① almost as bad as で言い換えが成立すると見抜ける。
和訳：マイクはいつも借りた金を返そうとしない。盗人も同然だ。

3️⃣ no 比較級 than = as 反意語の原級 as を適用すれば、no taller than は as short as になるはずだが該当する選択肢はない。これは伝達の主旨が身長差なしということだけで二人の身長が高めか低めかを伝える文脈ではないからである。正解は① I'm about as tall as Mary。このように no 比較級 than に意味の反転効果が出ず、そのまま as 原級 as に置き換わる場合もある。
例）I had no sooner left home than it began to rain.（**時差なし**だけが主旨）
　　= As soon as I left home, it began to rain.（＝**同時**）
　　「私が家を出るやいなや雨が降りだした」
和訳：「私の背丈はメアリーと変わらない」とは「私の身長はメアリーとだいたい同じだ」という意味である。

4️⃣ 「～しか」を表す no more than が正解。①と④は同じ意味なのでカットしておいて、②は as few as なら別解。（less は fewer の代用になるが little は few の代用にならないことに注意。）
和訳：私の生徒は数が少なく、全員で4、5人だけだった。

5️⃣ **重要ポイント❶**より、at most の書き換えである not more than が一発で選べる。t と m をそろえてしっかり暗記。
和訳：「私は多くても（at most）100 ドルしか持っていない」とは「私は多くても（not more than）100 ドルしか持っていない」という意味である。

応 用 問 題

☑☑☑ **1** **和訳せよ。**

Within no longer than a decade or two the probability of spending part of one's life in a foreign culture will exceed the probability a hundred years ago of ever leaving the town in which one was born.

☑☑☑ **2** **下線部を和訳せよ。**

Americans feel that the first rule of being a courteous guest is, 'Be prompt'. If a person is invited to dinner at six thirty, the hostess expects him to be there at six thirty or not more than a few minutes after.

☑☑☑ **3** **指定の語数で英訳せよ。ただし、与えられた語の形と語順を変えずに用いること。**

彼女は 30 分そこそこで帰ってきた。

[came / more / hour]（10 語）

解 答

1　今後10年か20年という短期間のうちに、ある人が異文化圏で生涯の一時期を過ごすことになる確率は、100年前に人が生まれ故郷の町から一度でも出て（国内のどこかに）引っ越した確率を上回る。

2　アメリカ人が思う礼儀正しい客としての第一の規則は「時間を守れ」ということだ。ある人を夕食に招いた時刻が6時半だとしたら、招いた側は、客が6時半か多くてもその数分後には来るものと考えるのである。

3　例1）She came back in not more than half an hour.
　　例2）She came home not more than half an hour later.

解 説

1　no longer than を as short as に置き換え、Within no longer than a decade or two は「10年か20年という短期間のうちに」と解釈する。exceed「～を超える、上回る」の主語と目的語はどちらも the probability of ～ ing「～する確率」。目的語のほうは a hundred years ago が付いているので「100年前に～した確率」とする。leaving the town in which one was born は「国内で引っ越す」という内容を補って訳すと「異文化圏で生涯の一時期を過ごす（ spending part of one's life in a foreign culture ）」との対比が明確になる。will は「だろう」ではなく「断言」で訳す。

　例）（家の電話がなって）I'll get it.（私が出るよ！）…断言
　　　「私が出るでしょう」はおかしい。will の基本は断言である。

2　アメリカ人が思う招待客の礼儀作法という話なので形容詞 prompt の意味は「機敏な」ではなく「時間を守る（= punctual ）」。一般論なので招く側が女性（ hostess ）、招かれる側が男性（ a person → him ）という性別の設定は訳出しないほうがよい。at six thirty or not more than a few minutes after は「6時半か多くてもその数分後には」とまとめればよい。

3　hour を使って「彼女は30分で帰ってきた」を表現すると、
She came back in half an hour. または
She came home half an hour later. となる。
どちらも7語だから、more を含む3語で「そこそこ」を加えればよい。
　「30分そこそこ」は「およそ30分」に近く、「ぴったり30分」を表現する no more than では意味が一致しない。一方、not more than なら「多くても」と近い意味になるので、これを half an hour の前に置けば完成である。

28 自動詞と他動詞

自動詞とは何か、他動詞とは何か。それぞれの定義をしっかりと理解しておくことが英文の構造理解にも関わってきます。自動詞と他動詞の定義を理解した上で、英文を見て、文中の動詞(V)は自動詞か他動詞か判別できるようになりましょう。

【28】適切なものを選べ。

On the table a book (　　　) open. Sam was reading it after dinner.

① laid　　② lay　　③ laying　　④ was to lie

POINT ノート

⚠️ 重要ポイント❶　うしろに O がくるかどうか

自動詞：うしろに O が<u>ない</u>

他動詞：うしろに O が<u>ある</u>

※ O とは目的語であり、名詞（句）

⚠️ 重要ポイント❷　自動詞は受動態にならない

受動態はそもそも O（目的語）を S（主語）に移動させた文の形であるからして、他動詞の文しか受動態にすることはできない。つまり、O（目的語）をとらない自動詞は受動態になることはないのである。speak to や laugh at のようなセットフレーズは除く。（I was spoken to by him. や He was laughed at by her. などは可能）

166

重要ポイント❸　混同しそうな動詞を覚えておく

　動詞によって、この動詞は自動詞、この動詞は他動詞となったり、中には複数の意味を持っていることから自動詞にもなったり他動詞にもなったりする動詞もある。ここでは、つづりが似ていて自動詞か他動詞かどちらか混同しそうになる動詞を挙げる。

lie – lied – lied – lying

自：ウソをつく

lie – lay – lain – lying　　　　　　　　※　lie on one's back

自：横になる / is（be 動詞と同義の意味もあり）　　　　（仰向けになる）

　　　　　　　　　　　　　　　　　※　lie on one's stomach/face/front

　　　　　　　　　　　　　　　　　　　（うつ伏せになる）

　　　　　　　　　　　　　　　　　　　on は〔接触〕

lay – laid – laid – laying

他：～を横にする /（卵を）産む / put（put と同義の意味もあり）

rise – rose – risen – rising

自：上がる

raise – raised – raised – raising

他：～を上げる / ～を育てる /（お金を）集める

　今回の問題は、空所の前の主語（S）が a book で、うしろが補語（C）の open となっていることから、うしろに O がないので自動詞が入ると考えられる。「本が開いたまま横になっている」となることがわかるので、**正解は②**。

　全体の意味は、

「テーブルの上に本が開いたまま置いてあった。サムがそれを夕食の後読んでいた」となる。

練習問題

☑☑☑ **1** 適切なものを選べ。

A dog jumped onto the chair and (　　　　) motionless for five minutes.

① lain　② lay　③ laid　④ lie

☑☑☑ **2** 誤りのある箇所を選べ。

① Growing up your children　② in an international

③ atmosphere is a　④ truly ideal situation.

☑☑☑ **3** 適切なものを選べ。

Many people are trying to buy a house before the consumption tax (　　　　) in April.

① is raised　② is risen　③ will be risen　④ will raise

☑☑☑ **4** 適切なものを選べ。

On the floor beside his bed a book (　　　　) open. He had been reading it before he fell asleep the previous night.

① laid　② lay　③ laying　④ was to lie

☑☑☑ **5** 適切なものを選べ。

The turtles usually (　　　　) their eggs in the sand.

① lay　② lie　③ are laid　④ lying

☑☑☑ **6** 適切なものを選べ。

After some hesitation, he (　　　　) the book on the desk.

① laid　② lied　③ lay　④ lain

168

解　答

1　②　　2　①（→ Bringing up または Raising）　　3　①
4　②　　5　①　　6　①

解　説

1　直前の and で jumped と並列される過去形を入れる。直後の motionless は形容詞。形容詞は動詞の後に置くと目的語ではなく補語になるので、正解は自動詞 lie の過去形、②の lay である。ここでの lay は was の意味【重要ポイント❸参照】。
　和訳: 犬が椅子に飛び乗り、5分間じっとしていた。

2　grow up は「成長する、大人になる」という意味の自動詞で、① Growing up は your children を目的語に取ることができないため誤り。「育てる」という意味の他動詞 bring up か raise の動名詞に訂正する必要がある。
　和訳: 子供を国際的な環境の中で育てることは実に理想的な状況だ。

3　「消費税」は「上げられる」ので他動詞 raise が受動態になっているものを選ぶ。before があるので「時・条件を表す副詞節」より will が使えないので①が正解になる。

4　a book が主語で空所のあと open が補語のため、「目的語がないので」自動詞を入れるので正解は②。ここは a book is open の意味でとる。

5　卵を産むの①が正解。

6　the book という目的語があるので他動詞の①が正解。

応用問題

1 (1)～(3)の空所にはそれぞれ raise か rise のどちらかを、また(4)～(6)の空所にはそれぞれ lay か lie のどちらかを、適切な形（1 語）にして記入せよ。

(1)　The British Government has just (　　　) taxes, and prices are rapidly rising, too.

(2)　His temperature has (　　　) since late last night.

(3)　All my family were (　　　) on dairy produce for breakfast and I'll raise my children the same way.

(4)　He concluded that the choice (　　　) between death and dishonor.

(5)　(　　　) these books on my desk, if you don't mind.

(6)　He said that his sympathy would (　　　) with me.

2 英文として不適切なものを選べ。

①　The hens haven't been laying eggs very well lately.

②　She lay down on the bed for half an hour.

③　Leaves are laying down thick on the lane.

④　He lays a book aside to watch TV.

3 英文として不適切なものを選べ。

①　The boy tried to lie the gentleman out of his money.

②　The lady often lied about her age.

③　This year the birds have lain eggs on the verandah.

④　Tom lay down on the bed and went straight to sleep.

＊**2**②と**3**④は同じような例文ですが、このパターンはとても
よく入試に出題されますので強く印象づけておいて下さい。

解　答

1 　(1)　raised　　(2)　risen　　(3)　raised　　(4)　lay　　(5)　Lay　　(6)　lie
2 　③　(are laying down → lie / are lying)
3 　③　(lain → laid)

解　説

1 　(1)直後の taxes が目的語なので他動詞 raise を選び、現在完了形を完成すべく過去分詞 raised に変形する。(2)目的語がないので自動詞 rise を選び、現在完了形を完成すべく過去分詞 risen に変形する。(3)目的語がないからといって自動詞 rise の進行形を完成しようとすると文意が取れない。一方、and 以下にある「育てる」という意味の他動詞 raise を受動態にすると目的語が主語に変わり文頭に移動するため空所の後に目的語がないことに説明がつき、文意も取れるようになる。raise を選び、受動態を完成すべく過去分詞 raised に変形する。(4)目的語がないので自動詞 lie を選び、concluded と時制を一致させるべく過去形 lay に変形する。(5)直後の these books が目的語なので他動詞 lay を選び、文頭の命令文を完成すべく Lay とつづりを整える。(6)目的語がないので自動詞 lie を選び、助動詞 would の直後であることから原形 lie のままで解答とする。

和訳：(1)　英国政府が税率を上げたばかりで、物価も急速に上昇している。
　　　(2)　昨夜遅くから彼の体温は上がってきた。
　　　(3)　私の家族はみな朝食に乳製品を食べて育てられたので私は我が子たちを同じように育てるつもりでいる。
　　　(4)　彼は死んで名誉を守るか生き恥をさらすかを選ぶと結論付けた。
　　　(5)　これらの本を私の机に置いてもらってもかまいませんか。
　　　(6)　自分は私に同情を寄せることになると彼は言った。

2 　正解は③。うしろに down があるので目的語がないため lay は使えない。②は自動詞 lie の過去形、④は他動詞 lay の現在形でそれぞれ正しい。

和訳：①その鶏は最近あまりよく卵を産んでいない。
　　　②彼女は 30 分間ベッドで横になった。
　　　③小道には木の葉が厚く積もっている。
　　　④彼は本をそばに置いてテレビを観る。

3 　正解は③。目的語 eggs があるので自動詞の過去分詞 lain ではなく他動詞の過去分詞 laid でなくてはならない。①の lie は lie 人 out of 物「人から物をだまし取る」という語法で例外的に他動詞になっており、難問である。

和訳：①その少年は紳士から金をだまし取ろうとした。
　　　②その婦人は自分の年齢をしばしば偽った。
　　　③今年は鳥たちがベランダで卵を産んだ。
　　　④トムはベッドに横になり、そのまま寝てしまった。

29 不定代名詞

one, another, the other, など不定代名詞と呼ばれるものをマスターしましょう。

【29】適切なものを選べ。
I have had just two girlfriends; one is Maki from high school and (　　　)
is Keiko from college.

① another　　② other　　③ others　　④ the other

POINT ノート

!重要ポイント❶

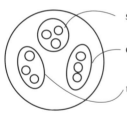

元々が２つなら another は出てこない | one → the other

one

another（まだ残りがある状態で「もう１つ」）

the other（最後の「１つ」）

　例えば「私には siblings（きょうだい）が３人います」とあって、「１人は北海道に住んでいます」なら One lives in Hokkaido. となり、「もう１人は沖縄に住んでいます」なら Another lives in Okinawa. であり、「最後の１人はまだ実家です」なら The other lives with our parents. のようになる。兄弟が２人しかいなければ、one の後にすぐ the other となり、another は出てこない。もし５人いれば、one - another - another - another - the other のように another が連発されることになる。

!重要ポイント❷

some

others（まだ残りがある状態で「複数」）

the others（最後の「複数」）

「公園には人がたくさんいます」とあって、「何人かは〜」は some で表し、「また何人かは〜」はもう一回 some でもよいし、others でも表せる。そして、「残り全員寝てました」のように「残り全員」となったら the を付けて the others とする。

⚠ 重要ポイント❸ 熟語表現にも注意

以下の熟語表現も入試には頻出なので、形として覚えておきたい。

A is one thing and B is another.（another の前に quite が入ることがある）
⇒ A と B は別である

⚠ 重要ポイント❹ another を形容詞として用いる

重要ポイント❷でも述べたが、another は、1 人 / 1 つなので another。another を形容詞として使うとき、基本うしろには単数名詞をとるが、時間 / お金の場合は複数名詞をうしろにとることもできる。そのときは「もう〜 / あと〜」と訳す。

We have to stay here another 5 hours.
（私たちはあと 5 時間ここにいなければならない）

今回の問題は、I have had just two girlfriends から始まっており、もともとが 2 人ということがわかるので① another や③ others を使う余地はない。POINT ノート内の**重要ポイント❶**にあるように、「最後の 1 人」を指すときに用いるのは the other なので、④**が正解**となる。

全体の意味は、
「僕がこれまで付き合った彼女は 2 人だ。1 人は高校時代のマキで、もう 1 人は大学時代のケイコだ」
となる。

練習問題

☑ **1** 適切なものを選べ。

My right foot is a little larger than (　　　). So I have trouble in buying shoes.
① the other ② another ③ others
④ any other ⑤ some other ⑥ other

☑ **2** 適切なものを選べ。

Only about a half of these students are natives of Tokyo; (　　　) come from the provinces.
① the other ② the others ③ another ④ others

☑ **3** 適切なものを選べ。

I have three sons.　One is in Kanazawa, (　　　) is in Sapporo, and the third in Tokyo.
① another ② either ③ other ④ the others

☑ **4** 適切なものを選べ。

Some voted for it; (　　　) voted against it; the rest didn't vote.
① other ② others ③ the other ④ the others

☑ **5** 適切なものを選べ。

Some people are fond of going out to the cinema, while (　　　) prefer to stay indoors to watch television.
① another ② one another ③ others ④ the others

☑ **6** 適切なものを選べ。

It is one thing to own a library; it is quite (　　　) to use it wisely.
① other ② the other ③ another ④ the same

☑ **7** 適切なものを選べ。

Let's wait for (　　　) one or two hours before we move on.
① other ② every ③ another ④ each

解 答

1 ① 2 ② 3 ① 4 ② 5 ③ 6 ③ 7 ③

解 説

1 「靴を買うのに苦労している」と次の文にあるので、左右の足で大きさが違っているという内容にする。右足の比較対象となる左足は「2つある足のうちの残りのもう一方（の足）」なので、① the other が適切。

和訳：私の右足は左足より少し大きい。おかげで靴を買うのに苦労している。

2 重要ポイント❷より、② the others が正解となる。

和訳：この学生たちのうち東京の出身者はだいたい半数だけで、他は地方出身者だ。

3 全体数を3人と示した状況で2人目の書き方が問われている。1人目は3人のうち誰でもよいので不特定単数の One [＝ A son]、3人目は前の2人を除いた最後の残りということで特定単数の the third (son) ＝ the other (son)。2人目は「まだ残りがいる状態でもう1人」なので①another となる。

和訳：私には息子が3人いる。1人は金沢に、もう1人は札幌に、そして3人目は東京にいる。

4 「何人かの人が賛成の投票」をして、「また何人かの人が反対の投票」をして、残りの人達は「投票しなかった」の流れなので② others となる。

和訳：賛成投票する人も反対投票する人も一定数いたが、残りは全員が無投票を選んだ。

5 映画好きとテレビ好き以外にもいろいろな可能性があるので Some people ～ others …「～な人もいれば…な人もいる」、そして他にもいる、と考える。よって others が正解。

和訳：映画館に出かけていくのが好きな人もいれば、屋内にいてテレビを観るほうが好きな人もいる。

6 It is one thing to ～ ; it is quite another to …「～することと…することは全く別だ」になっていることを見て取り、③ another を解答する。「～すること」ほど「…すること」は容易ではないと伝えることが主旨の構文で、両者の順序を入れ替えることはできない点に注意しよう。

和訳：蔵書を持つことと、それをうまく活用することは全く別のことだ。

7 「あともう1、2時間」となるよう③ another を選ぶ。another ＝ an ＋ other は単数を表しているため本来、複数形の前には置けないが、重要ポイント❹より、目的語が「時間」または「お金」の場合、複数形が可能となる。同じ意味を more で伝える場合は one or two more hours と語順が変わることに注意。

cf. 「あともう3日」another three days ＝ three more days

　　「あともう10マイル」another 10 miles ＝ ten more miles

和訳：先に進む前に、あともう1、2時間待ちましょう。

応 用 問 題

☑☑☑ **1** **適切なものを選べ。**

"Strike" means one thing in a baseball game and (　　　) in a labor dispute.

① another 　② other 　③ the other 　④ others

☑☑☑ **2** **適切なものを選べ。**

If I am a fool, you are (　　　).

① another 　② ones 　③ other 　④ second

☑☑☑ **3** **英訳せよ。**

何かを選択するということは、つねに痛みを伴うものである。一方を選ぶことは、他方を捨て去る決心をすることにもなる。

解 答

1 ① 2 ①

3 例1）Choosing something is always accompanied by pain. When we choose one thing, we decide to give up the other at the same time.

例2）When you choose something, you always feel pain. Choosing one thing means making up your mind to discard the other.

解 説

1 "Strike" のもつ意味は他にもたくさんあるので① another で表される。

和訳:『Strike』は野球の試合と労働争議とでは意味が違う。（ストライクとストライキの意味がある）

2 直訳すると「私がバカなら、君は私とは別なもう一人のバカだ」となるよう① another を選ぶ。③ other は形容詞なので原則として単独で使用しない。②が other ones なら「君たちは私とは別なバカどもだ」となり、文法的に正しくなる。④は a second なら another の代用になれていた。

和訳:私がバカなら君だって同じだ。

3 「選択する」は choose か select。「A は B を伴う」は A is accompanied by B 、A is attended with B。ただし、「つねに痛みを伴う」を「人が常に痛みを感じる（we / you always feel pain）」とすれば「伴う」は表現せずに済ませられる。「一方（one thing）」と対比された「他方」は「二者のうちのもう一方」なので単数形 the other が適切。「捨て去る」は throw away や discard で直訳してよいが、「放棄する、あきらめる」と解釈して abandon や give up を用いてもよい。「決心をする」は decide to 原形、determine to 原形、make up one's mind to 原形。「一方を選ぶ（こと）」と「他方を捨て去る決心をする（こと）」の関係に注意。両者はコインの裏表のように切り離せないひとまとまりの行為なので、前後関係や因果関係でまとめるべきではない。

cf. Choosing one thing （　　　） deciding to discard the other.

　is followed by / brings about / causes / leads to / results in … ×

　is / equals / means / implies / involves / requires / calls for … ○

解答例以外の書き方として、cannot … without ～ ing「…すれば必ず～する」は有効。

例）We cannot choose one thing without deciding to discard the other.

30 分数（fraction）

分数のことを英語では "fraction" という。fraction の元々の意味は「わずか」という意味だが、それが発展して「分数」という意味になった。数学で習う仮分数や帯分数を日常生活の中で用いることは極めて少ない。つまり、日常生活で用いる分数は基本的には 1 よりも少ない数を表すときに用いるので、「わずか」という意味の fraction が分数という意味になるのである。

【30】 適切なものを選べ。

My mother ate （　　　　） of the pizza I ordered.

① two-threes　　② three-two　　③ two-third　　④ two-thirds

POINT ノート

⚠ 重要ポイント❶　分子→分母の順で、分子は基数、分母は序数で読む

日本語で分数を表すとき、分母→分子（下から上）の順で読むが、英語では分子→分母（上から下）の順で読む。また分子は基数、分母は序数を用いて表される。

↳ （つまり普通の one,two,three 系）

基数：one, two, three…

序数：first, *second, third…

※ただし second は「秒」の意味との混同を避けるために "half" で代用される

$\dfrac{1}{3}$ = one-third（3 分の 1）

$\dfrac{1}{2}$ = one-half（2 分の 1）

⚠ 重要ポイント❷　分子が 2 以上なら分母の最後に "s" を付ける

$\dfrac{2}{3}$ = two-thirds（3 分の 2）

$\dfrac{3}{4}$ = three-fourths（4 分の 3）

分子が 2 以上なら分母の最後に "s" を付ける。

$\dfrac{1536}{3621}$ = one thousand five hundred thirty six [over] three thousand six hundred twenty one

※分母が大きいか小さいかの境目の決まりはなく、主観的

　例えば 13 分の 5 でも five-thirteenths と言う人もいれば five [over] thirteen と言う人もいる

　文の主語が分数もしくは％で始まり、of 〜で繋がれるとき、述部にくる動詞の単複は of の後にくる名詞の単複に依存する。

$\underset{\text{S}}{\underline{\text{分数 / ％}}}$〈of 名詞〉+ $\underset{\text{V}}{\text{動詞}}$…

このような構造の中で分数が使われるときは、of の後の名詞が複数名詞であれば、動詞部分は複数を受ける。しかし、もし of の後の名詞が単数 / 不可算名詞であれば、動詞部分も単数を受ける。

One-third of the students [are] interested in sports.
（生徒の 3 分の 1 はスポーツに興味がある）

　今回の問題は、選択肢に分数表現が並んでおり、空所の後に of the pizza…と続くことから、ピザの割合を述べている英文だとわかる。**POINT** ノート内の**重要ポイント❶**と**❷**からわかるように、分数表現として正しいのはここでは④のみなので、**④が正解**となる。

　全体の意味は、
「僕が注文したピザの 3 分の 2 を母が食べた」
となる。

練習問題

☑ **1** 適切なものを選べ。

$\frac{11}{16}$ is read as ( ).

① eleven sixteen   ② eleventh sixteen

③ eleven sixteenth   ④ eleven sixteenths

☑ **2** 次の数字を読む通りに綴れ。

$\frac{4}{9}$

☑ **3** 誤りのある箇所を選べ。

Scientists estimate that ① nine-tenth of the energy in a hurricane is released ② to build the clouds ③ that form its ④ familiar shape.

☑ **4** 誤りのある箇所を選べ。

① Two-thirds of the furniture ② were miserably ③ destroyed ④ by fire.

☑ **5** 誤りのある箇所を選べ。

It ① has been estimated that only 21 percent of the ② world's land surface ③ are cultivatable and that only 7.6 percent is actually ④ under cultivation.

☑ **6** 誤りのある箇所を選べ。

A quarter of the ① world's population ② are already fluent or competent in English, and ③ this figure has steadily grown ④ since the late 1900s.

☑ **7** 誤りのある箇所を選べ。

The crack is not ① that big. It's only ② three quarter of inches ③ wide and ④ an inch long.

解 答

1 ④　　2 four-ninths　　3 ①（→ nine-tenths）　　4 ②（→ was）

5 ③（are → is）　　6 ②（→ is already）　　7 ②（→ three quarters of an inch）

解 説

1 分子が 2 以上なので分母に s を付ける。分子の 11 を先に基数（普通の読み方）で eleven と読み、次に分母の 16 を序数で sixteenths と読む。正解は④である。

和訳：$\frac{11}{16}$ は 16 分の 11 と読む。

2 分子と分母をつなぐハイフンは口語的な書き方だと省かれがちだが、入試問題で分数の記述が求められる場合は省かずに書くべき。分子の four と分母の ninths をハイフンでつなぐ。基数 nine が序数 ninth になる際、つづりから −e が消失する点に注意。

3 分子 nine が 2 以上なので、分母 tenth は tenths とするはず。正解は①。②は副詞用法の不定詞、③は主格の関係代名詞、④は「よく知られた」という意味の形容詞でそれぞれ誤りはない。

和訳：科学者たちの推定によると、ハリケーンのエネルギーのうち 10 分の 9 はよく知られたハリケーンの形を形成する雲を作るために放出されている。

4 分数が主語になる場合は**重要ポイント❹**より、of のうしろにある名詞の単複に合わせる。Two-thirds of the furniture とあるので furniture に合わせて動詞は② were ではなく、was に訂正。

和訳：家具の 3 分の 2 は火災によってひどく破壊された。

5 パーセントが主語になる場合も**重要ポイント❹**より、of のうしろにある名詞の単複に合わせる。③の主語 only 21 percent of the world's land surface では surface「表面」が単数形なので③の are は誤り、is に訂正。

和訳：世界の地表面のうち耕作可能なのは 21% にすぎず、しかも実際に耕作されているのは 7.6% だけと見積もられている。

6 主語の A quarter は One-fourth の代用で「4 分の 1」。したがって、後に続く of 以下の名詞に動詞は合わせる。population「人口」は単数形なので②は誤り。正しい英文にするには are を is に訂正しなくてはならない。

和訳：英語の読み書きができる人はすでに世界の人口の 4 分の 1 に達しており、この数字は 1900 年代後半から着実に伸びている。

7 ①は that が指示副詞で so big に等しく、誤りはない。②は「1 インチの 4 分の 3 ＝ 4 分の 3 インチ」としないと意味が取れないので誤り。three quarters of an inch と訂正すべきである。

和訳：ひびはそれほど大きくない。幅は 4 分の 3 インチで長さは 1 インチにすぎない。

応用問題

1 適切なものを選べ。

Our new computer is almost (　　　) conventional ones.

① half size　　　② half the size of

③ half of the size　　④ the half size

2 適切なものを選べ。

According to recent statistics, the number of vending machines in France is (　　　) in Japan.

① as much as　　② nearly the same that

③ half as many　　④ one tenth the number

3 適切なものを選べ。

This bridge is half as long (　　　) as that one.

① again　② not　③ over　④ so

解　答

■ ②　■ ④　■ ①

解　説

■　as 原級 as の代用となる the 名詞 of に分数を正しく組み合わせたものを選ぶ。正解は②。half the size of は half as large [big] as に等しい。

cf. The country is about a third [one-third] the size of Japan.

　= The country is about a third [one-third] as large as Japan.

「その国は国土面積が日本の 3 分の 1 ぐらいだ」

和訳：新しいパソコンは従来のものの半分の大きさだ。

■　number の「多い／少ない」を表す形容詞は large / small なので、①の much と③の many は誤り。特に③は as 原級 as の後の方の as がないため空所直後の in Japan を比較対象として接続できない点でも正しくない。②も同様に the same as の as がないため that [= the number of vending machines] in Japan を比較対象にできていない。正解は④。one tenth the number (of vending machines) で one tenth as many vending machines as の代用になっている。

和訳：最近の統計によるとフランスの自販機の数は日本の 10 分の 1 である。

■　正解は①。half as 〜 again as … で「…の一倍半〜」になる。内容が倍数であるため言い換えには times が必要。

This bridge is half as long again as that one.

　= This bridge is one and a half times as long as that one.（1 と 2 分の 1 倍）

　= This bridge is 1.5 [one point five] times as long as that one.（1.5 倍）

長文中の計算問題に取り上げられると、例えば以下の書き換え文の真偽を判定させられる。

That bridge is two-thirds as long as this one.

1 と $\frac{1}{2} = \frac{3}{2}$、ということは比較対象を逆にすると $\frac{2}{3}$ …正解！

和訳：この橋のほうがあの橋よりもう半分ほど長い（この橋はあの橋の 1.5 倍の長さだ）。

あとがき

　本書を使ってしっかり勉強すれば、頻出事項、重要部分は完璧ですので、「あとがき」では皆様の「これからの話」をしたいと思います。

　本書を卒業した皆様は、是非「英語で」様々なことを勉強してみてください！「英語を」勉強することも大切ですし、楽しいですが、「英語で」つまり「英語を使って」、様々なことに挑戦してみてください。そこで最も大切なことは何か？それは、語彙力です。

　語学は単語に始まり単語に終わります。

　本書で英語の基礎力をつけたあなたがこの後に真っ先にやることは、語彙力の増強です。

①	It's not mandatory.
②	show and tell
③	Crisscross apple sauce! Apples in the basket.
④	3 r 2
⑤	play tag
⑥	Easy-peasy-lemon-squeezy!
⑦	spinach
⑧	10x

　さて、いま並べたのは、アメリカやイギリスなど、ネイティヴの小学生なら誰でも知ってる単語や表現です。どのくらいわかりますでしょうか？

　そうなんです、日本の素晴らしい英文法教育で勉強してきた皆様は、あとは、語彙力さえつければ、かなりの英語の達人になることが出来ます！

　例えば上記の
④　3 r 2
ですが、これは、算数の割り算の答えにおける「3余り2」を表します。アメリカやイギリスの小学校2年生の授業で出てきます。r は remainder の略で、「余り」ということで、きちんと省略を補うと、3 with a remainder of 2（2の余りを持った3）ということになります。

⑤の play tag
はどうでしょうか？正解は「鬼ごっこをする」です。
　もし誰かが、Who wants to play "it"?
と言ったらどんな意味でしょうか？実は英語では、鬼ごっこの「鬼」は it で表せます。従って、この場合、「鬼やりたいひとー？」のように訳せます。

⑧の **10x** はどうでしょうか？これは、
「10 倍」
などを表すときに、ネイティヴは
10 times
と書く人ももちろんいますが、
10x
と書く人が多いんです。
これは掛け算の 2 × 3 の「×」の部分を times と読むからです。

挙げればキリがありません。皆様は、本書で文法はきちんとやってくれました！残る
は、語彙、です！ spinach は「ほうれん草」ですが、メニューを見て、ほうれん草も分
からないようですと、お話になりません。

受験が終わったら、どんどん語彙力をつけてください！そして、たくさんリスニング
の練習をしてください！本書では、
「量より質」
をモットーに、皆さんにはがんばってもらいました。本書を卒業した皆様は、これからは、
質より量
です。

たくさん、たくさん、量をこなしてください！英語に触れる時間が長ければ長いほど、
耳も英語に慣れてきますし、口も英語に慣れてきます。そして、英語を使って、やりた
いことを追求していってください！

ただ、単語を覚えているときに「何度繰り返しても忘れるからもう嫌だ」って思う時
が 3 回ぐらい（又はもっと？）来ます。長文やリスニングをやって、「あ、単語集でやっ
たやつだ」みたいになると定着します。従って、単語集をやりながら、精読したものを「音
読」する、と、とても効果が出ます。諦めずに、量を、とことん、こなしてください！
　最後に、
「つまらない大人」
になる方法を教えます。

①自分の可能性を信じない
②迷ったら楽な道を選ぶ
③周りの目や世間体を気にする

こうすれば、「つまらない人生」を歩むことができます。

逆を行うと、
「あなただけの特別な人生」
を送ることができます。
　また、成功しているように見える人ほど辛い思いをしています。あなたが憧れている人は、確実に、あなたより苦労し、辛く、苦しんでいると思います。それを周りに見せない強さがあるのです。

> 他人の悩みは小さく見えます。
>
> 自分の悩みは大きく見えます。

　いま抱えているあなたのストレス、実は、大したことはないかもしれません。
　今が人生で一番若い時です。終わったことではなく、これからのことを考えて、素敵な人生を送ってください。応援しています！

　The infinite possibilities are just at your fingertips. It is not so much what you have already done as what you will do that counts.
　（無限の可能性があなたにはある。重要なのはあなたがすでにやってしまったことではなく、これからあなたが何をやるかである。）

寺島よしき

【表現の答え合わせ】

① It's not mandatory.（絶対しなければいけないわけではありません）

② show and tell（[幼稚園などで] 好きなものをみんなに発表するイベント）

③ Crisscross apple sauce! Apples in the basket.（あぐらをかいて手は下に）

④ 3 r 2（3余り2）

⑤ play tag（鬼ごっこする）

⑥ Easy-peasy-lemon-squeezy!（とても簡単）

⑦ spinach（ほうれん草）

⑧ 10x（10倍）

このページの後に、あなたの実力をチェックする【テスト】があります。挑戦してみてください。

実力チェックテスト

☑ **1** 「彼が来てはじめて私はそれに気づいた」を3通りの英語で書け。

☑ **2** 「彼は日本に住むことに慣れている」を英語にせよ。

☑ **3** 「違いない」と訳す must の反対語は何か。

☑ **4** I had my bag stolen. を和訳せよ。

☑ **5** 「ほとんどの先生」にあたる英語を4通りで書け。

☑ **6** 「もし私があなただったらそのようなことはしないだろうに」を英語にせよ。

☑ **7** It can't be helped. を和訳せよ。

☑ **8** 「行ったのは一体誰ですか?」を強調構文を使って英語にせよ。

☑ **9** 「早ければ早いほど良い」を英語にせよ。

☑ **10** Do in Rome, do as the Romans do. を日本語にせよ。

解 答

1　「彼が来てはじめて私はそれに気づいた」を3通りの英語で書け。
I did not realize it until he came.
Not until he came did I realize it.
It was not until he came that I realized it.

2　「彼は日本に住むことに慣れている」を英語にせよ。
I am not used to living in Japan.

3　「違いない」と訳す must の反対語は何か。
cannot

4　I had my bag stolen. を和訳せよ。
「私はバッグを盗まれた」

5　「ほとんどの先生」にあたる英語を4通りで書け。
most teachers / most of the teachers
almost all (the) teachers / almost all of the teachers

6　「もし私があなただったらそのようなことはしないだろうに。」を英語にせよ。
If I were you, I would not do such a thing.

7　It can't be helped. を和訳せよ。
「仕方がない」

8　「行ったのは一体誰ですか？」を強調構文を使って英語にせよ。
Who was it that went?

9　「早ければ早いほど良い」を英語にせよ。
The sooner, the better.

10　Do in Rome, do as the Romans do. を日本語にせよ。
「ローマにいる時はローマ人がやるようにやれ」
（→郷に入っては郷に従え）

寺島よしき　Yoshiki Terajima

1978年神奈川県横浜市生まれ、鎌倉育ち。予備校講師、外国語専門学校講師。翻訳家。明治学院大学文学部英文学科卒。専門は「第二言語習得」「semantics」。毎年全国にて英語講演会を行う。ラジオ、テレビ、各方面で活躍。教育委員会の依頼により「中学・高校教員のためのセミナー」を担当。

医学部受験予備校メディカルアーク（教務統括部長）。アガルート講師（医学部講座・TOEIC 講座を担当）。神田外語学院講師（通訳・翻訳論を担当）。東大＆医学部専門予備校クエスト講師。

大手予備校の全国生中継授業を長年担当し、2020年より、ただよび講師として、大学受験英語を担当、多くの受験生の支持を得ている。

●著書（翻訳）

『てゅーかこれが英語。』（文芸社）　『英語の XYZ』『おたすけ和英辞典』（遊タイム出版）『英語上達法』（星雲社）　『世界一わかりやすい上智大の英語』『9 割とれる！英語の発音・アクセント攻略法』（KADOKAWA）　『さかさもさかさ』翻訳（出窓社）など多数。

●寺島よしき公式サイト

https://terajimayoshiki.com

オンリーワン！最新入試問題頻出　**30項目詳説**

英文法講義

2021年10月15日　　第 1 刷発行

著　　者	寺島よしき
発 行 人	出口　汪
発 行 所	株式会社　水王舎
	東京都新宿区西新宿 8-3-32　〒160-0023
電　　話	03-6304-0201
装　　幀	福田和雄（FUKUDA DESIGN）
編集協力	石川　享（knot）
本文印刷	光邦
カバー印刷	歩プロセス
製　　本	ナショナル製本

http://www.suiohsha.jp　　Ⓒ 2021 Yoshiki TERAJIMA,Printed in Japan
ISBN978-4-86470-161-7